당신의 마음과 우리의 꿈이

무탈하기를 빌어요.

2022. 6. 이으정 드림,,

# 시詩끄러운 고백

욕망 덩어리 무명작가의

# 시詩끄러운 고백

이은정 에세이

도서출판 도훈

## 작가의 말_

 소설도 쓰고 에세이도 쓰는 사람이지만, 매번 에세이가 더 부담이 크다. 에세이를 쓸 때는 호흡을 잘 가다듬어야 한다. 소설 쓸 때와는 다른 심호흡이 필요하다. 아무리 대수롭지 않은 에세이라 할지라도 필자의 부끄러운 고백이 한 뼘씩은 들어있기 때문인 것 같다. 부끄럽고 민망한 마음을 들키지 않으려고 시끄러운 책이라 이름 붙였다.

 원래는 시인이 되고 싶었는데, 시인이 되지 못해서 시를 읽는 사람이 되었다. 시를 쓸 수 없어서 산문을 쓰는 작가가 되었다. 시를 향한 애정과 시인이 되지 못한 미련을 이렇게 풀어본다. 〈북크루〉와 계간 〈시마〉에 연재한 에세이를 선별해서 작업했고, 집필하는 동안 수백 권의 시집을 읽었다. 시에 파묻혀 내내 행복했다.

 이 책을 기획하고 있다는 소식을 들은 무명한, 혹은 가난한 작가들이 더 가난한 이은정을 위해 십시일

반 후원하기도 했다. 그 돈으로 필요한 시집을 샀고, 때로는 쌀을 샀고, 공과금도 낼 수 있었다. 가난과 무명들이 모여 완성한 책이 되겠다.

졸필로 휘갈긴 에세이가 아름답고 찬란한 시들을 만나 덕을 보았다. 날카롭고 차가운 문장들 사이에서 고운 시가 완충 역할을 해주고 부족한 필력을 감싸주기를 바랐는데, 뜻대로 된 것 같다. 시의 힘일 것이다.

어쩌다 보니 습작기가 20년이었다. 등단 후에도 줄곧 무명이었고, 지금도 무명한 작가지만, 이렇게 하나씩 해나가고 있다. 무명의 굴레를 벗고 싶은 나는 오기밖에 남지 않은 욕망 덩어리가 되었다. 어디선가 습작기를 버티고 있을 작가 지망생들, 어둡고 긴 터널을 건너고 있을 무명작가들에게 이 책을 빌려 응원을 보낸다.

2022년 봄과 여름 사이에서
무명작가

## 1부. 무명작가의 고백

01. 다만, 꿈을 꾸었다 … 10

02. 무엇이든 쓸 수 있다면, 우리는 … 20

03. 나만의 익스페리멘틀experimental … 28

04. 응달에 산다고 꿈까지 응달이겠나 … 34

05. 비극적인 해탈의 경지에 이르러 … 42

06. 겨울에는 사랑하는 게 좋겠다 … 50

07. 욕망 덩어리 무명작가 … 58

08. 남겨져야 하는 직업 … 64

09. 나는 지금 가장 위험한 짐승이다 … 70

10. 이름 좀 불러주시라 … 78

11. 비 오는 날의 루틴 … 84

12. 오늘의 글은 오늘밖에 쓸 수 없다 … 92

## 2부. 나약한 인간의 고백

13. 한때 나의 친구였던 소녀들아 … 102

14. 서로의 눈물 나는 맛에 대하여 … 110

15. 아이고아이고 … 118

16. 내 인생은 점심시간 … 126

17. 우리는 큐피드를 만나야 한다 … 134

18. '땡'이 필요한 사람들 … 144

19. 방이면 어떻고 집이면 어때 … 152

20. 신화와 음악 사이, 페르세포네 … 160

21. 사람을 미워하는 일 … 168

22. 후각을 잃은 자가 살아가는 법 … 176

23. 손이 문제일까, 마음이 문제일까? … 184

24. 마실 수 없는 커피 … 192

25. 이별할 때는 아름답게 이별하느니 … 200

# 1부. 무명작가의 고백

돈 많고
힘센 놈들은
고물이 잘 버무려진 인절미를 먹고
입술을 말끔히 닦는데

먹다 흘렸거나
남긴 고물만 거둬 먹는
바닥은 누구인가

대놓고
내 탓이란다
미쳤거나
이보다 착할 수 있을까

밤낮 인절미처럼 굴렀다

착하게 살지 말자

한 입도 그냥 빼앗기지 말자

_ 김종필 「인절미」* 전문

* 김종필 시인의 「인절미」는 시집 『쇳밥』 (한티재. 2018)에 수록된 시입니다.
  한순간에 마음을 빼앗겼던 시입니다. 이 책의 권두시로 여기면 좋을 것 같았습니다.

# 1. 다만, 꿈을 꾸었다

"글 씁니다."

"어머! 작가예요?"

"아직은 아니에요."

"아…."

주로 이런 식이었다. 뭐 하는 사람인지 묻지나 말든가. 대놓고 말문 막히지나 말든가. 아…, 로 끝나는 대답은 언제나 나를 초라하게 만들었다. 이십 대에는 그나마 반응이 괜찮았다. 백 퍼센트 허망하게 느껴지는 꿈일지라도 그럴만한 나이라고 생각하는 모양이었다. 그래, 열심히 해봐, 까지는 들어본 것 같다. 삼십 대가 되어도 꿈을 놓지 못하는 나를 사람들은 한심하게 보기 시작했다. 소설가 아무나 하는 거 아니라는 둥, 지금까지 안 됐으면 안 되는 거라는 둥, 기타 등등. 내가 발끈할 수 없었던 이유는, 비참하게도, 틀린 말은 아닌 것 같아서였다. 심지어 생업도 놓은 채 사타구니에 욕창이 생기도록 글만 썼던 삼십 대 후반에는 나 자신조차도 나를 이해할 수 없었다.

가족들은 단 한 번도 내가 무슨 글을 쓰는지 묻지 않았다. 당연히 내 글을 읽어보지도 않았다. 출근하지 않는 날엔 밥도 먹지 않고 방에만 처박혀 있는 나를 엄마는 가끔 걱정했고, 걱정하는 엄마의 문장은 언제나 시크했다. "니 속엔 돌뗑이가 들어차 있냐!" 나와서 밥 먹으라는 뜻이었다. 나가면 밥만 먹일 게 아니었다. 내 꿈과 열정을 비하하는 단어들도 쌀밥 위에 곁들여 먹일 게 분명했으므로, 가족들이 모두 나갈 때까지 기다렸다가 혼자 밥을 먹곤 했다. 그렇게 나는 안팎으로 한숨만 부르는 쓸모없는 인간이었다.

가수가 꿈이었다면 목이 쉴 때까지 노래라도 불렀

을 텐데, 요리사가 꿈이었다면 맛있는 냄새라도 풍겼을 텐데, 개그우먼이 꿈이었다면 사람들을 웃겨주었을 텐데, 내가 내 꿈을 위해 노력하는 모습을 보여준 건 책상 앞에 앉아 있는 것밖에 없었다. 그래야 하는 일이었고, 나는 분명 최선을 다했다. 얼마나 한심하게 보였을지 이해하지 못하는 건 아니다. 그렇지만 단 한 명이라도 내 꿈을 지지해 주었다면 얼마나 든든했을까. 사람이 그쯤 독하게 앉아 있으면 도대체 뭘 쓰는지 궁금해야 하는 게 아닌가. 내가 쓴 글을 읽어라도 보고 무시했으면 좋았을 것이다. 사람들은 내 미래가 마치 정해져 있는 것처럼 내 꿈을 무시해버렸고 나는 그런 취급을 받을수록 포기할 수 없었다. 내가 포기해 버리면 무시당했던 말들과 서러웠던 순간들이 고스란히 상처로만 남을 터였다.

생업을 놓고 본격적으로 글만 쓰기 시작했을 때, 사람들은 집에만 있는 나를 궁금해했고 나는 나를 설명

하지 않기로 했다.

"뭐 하시는 분이세요?"

"백수예요."

"아…."

이러나저러나 사람들은 내 대답에 말문이 막히는 것 같았지만, 나는 그런 반응에 익숙해져 갔다. 무시, 비아냥, 동정, 비난 등을 견디는 힘은 글에서 나왔다. 꿈이 글이고 글이 꿈이었으니 참 다행이었다.

비로소, 정말이지 비로소, 등단이라는 빌어먹을 관문을 통과했다. 그제야 사람들은 과거에 자신이 했던 말을 까맣게 잊은 채 태도를 바꾸었다. 첫 출간을 하고 그 책이 제법 팔리기 시작하자 십 년 넘게 연락이 끊겼던 사람들에게서 톡이 날아들었다. 한때 내 삶을 비난했던 그들의 톡을 나는 가볍게 읽씹했고 묘한 희열을 느꼈다.

그 뒤로 조금씩 복수를 하고 있다. 나를 무시했던

자들을 소설 속에 단역으로 등장시켜 죽이거나 불행하게 만드는 것이다. 그 복수를 다 하기 위해서라도 나는 열심히 소설을 쓴다. 지금처럼 등단한 무명작가로 얼마나 오래 머물지 모르겠지만, 괜찮다. 나는 언제나 계단 두 개씩은 오르지 못했으니까.

　가로수가 검은 머리채를 휘날리며 걸어가고 나는 길가에 버려진 꽃다발을 멀리 집어 던져 버린다 향기가 없는 꽃은 치욕적이다 거리에는 달콤한 고독처럼 아이스크림을 먹으며 지나가는 연인들이 있고 나는 희미한 분홍의 기억을 따라 계단을 올라가는데 누가 남아 있는 계단을 들고 사라져 버렸다

　저녁의 긴 목이 굴뚝 연기를 피워댄다 나는 더러운 드레스를 입고 검은 파우치를 들고 어디론가

## 무명작가의 고백

달려가는 저녁의 신데렐라

이 저녁 누가 나에게 구두를 던져 주세요

_ 손음 「저녁의 신데렐라」* 부분

애초에 신데렐라가 될 팔자는 아니었다. 그나마 잘하는 과목이 국어인 만큼 주제 파악은 잘하고 살았기에 나는 난쟁이부터 시작해야 했다. 난쟁이1은 작은 백일장에서 입선했고, 난쟁이2는 지역 공모전에서 장려상을 받았다. 난쟁이5는 우수상을 받았고, 난쟁이7은 금상을 받았다. 상금이 아예 없는 곳도 있었고 모두 등단과는 거리가 먼 대회였다. 그렇지만 나는 그 상들이 자랑스럽다. 단번에 신데렐라가 되어 문단을 놀라게 하지는 못했지만 쉬지 않고 조금씩 성장하는 나를 느낄 수

---

* 손음 시인의 「저녁의 신데렐라」는 시집 『누가 밤의 머릿결을 빗질하고 있나』 (걷는사람. 2021)에 수록된 시입니다. 마지막 구절이 마음에 남았습니다.

있었다. 그렇게 나는 작가가 되었다. 아주아주 천천히.

백상예술대상 축하공연을 보면서 목이 쉬도록 울었던 기억이 난다. '꿈을 꾼다'라는 노래를 한 소절씩 부르면서 무대 위로 배우들이 한 명씩 등장한다. 한 사람이 나올 때마다 화면에는 그들을 소개하는 자막이 나왔다. 손님3 역, 스텝1 역, 피자 배달원 역, 정신병원 간호사2 역…. 그 작은 역할이 그들에겐 얼마나 소중했을지 나는 알겠고, 그들이 딛고 선 비좁은 자리조차 휘청이고 있다는 걸 알기에 하염없이 눈물이 흘렀다. 우리가 끝내 주연이 되지 못하거나 우리의 꿈이 부귀영화를 향해 있지 않더라도 후회하지 않을 것이다.

지금도 나는 한 걸음씩 꿈을 꾼다.

아름다움에 허기진 나는

오늘도 어김없이

주름을 만들어낸다.

# 무명작가의 고백

반복되는 삶 속의 낡은 쳇바퀴도 갈아줘야 할 판.

그래도 꿈이라는 것,
욕망이라는 것이
몸속 어딘가에서 꿈틀거려
마치 공처럼 둥근 해가 원을 그리며
다시 떠오르는 걸 기대하듯

내 삶 저 구석 서랍 속에 있을
꿈에 굶주린 또 다른 나를
이 낡은 쳇바퀴에서 꺼내 보고자 한다.

가죽에 주름져도 또 세월에 주름져도
나는.

아름다웠던 사람이었고 아름다운 여자고
아름다워질 나다.

_ 조희영 「엄숙한 세월」* 전문

출간 준비로 밤을 새운 다음 날, 삼선 슬리퍼를 질질 끌고 단골 편의점에 갔더니 여자 점주가 물었다.

"실례지만 무슨 일 하세요?"

반가운 질문이었고,

"소설가입니다."

또박또박 대답했다.

"아!"

아…, 가 아니라 아!

"이제 와 말인데, 지금까지 술집 여자인 줄 알았어요."

젊은 여자가 대낮에 그 꼴로 돌아다니니 그럴만했을 것이다. 나는 아주 배포 큰 사람처럼 껄껄 웃어주었다. 아! 라고 해준 보답으로.

---

* 조희영 시인의 「엄숙한 세월」은 시집 『나를 버리는 날』 (북인. 2021)에 수록된 시입니다. 시집 제목이 인상적이었고, 수록된 시들은 단단했습니다.

무명작가의 고백

## 2. 무엇이든 쓸 수 있다면, 우리는

집필에 들어가기 전에 가장 몰입되는 순간이 있다. 새하얀 화면에서 깜빡이는 커서를 쳐다보는 때다. 커서를 왜 깜빡이게 만들었을까. 매번 그런 의문을 가졌고, 최면술을 접하면서 나름대로 의문을 풀게 되었다.

새 문서를 펼쳐놓았다는 건 어떤 것이든 글을 쓸 목적이므로, 일정한 속도로 깜빡이는 커서를 쳐다보는 뇌는 오롯이 쓰는 것에 집중하게 된다. 커서의 움직임에 최면이 걸리면 일단 무엇이든 쓰기 시작한다. 하얀 백지는 더럽히고 싶고 움직이는 저것은 밀어내고 싶다. 이것은 본능이다. 모든 사람이 최면에 걸리는 것은 아니지만, 언어 이해력이 높고 감성적인 사람들이 그렇지 않은 사람보다 최면에 잘 걸린다고 하니, 작가에겐 더없이 효과적일지도 모른다. 사소한 커서 하나가 작가들의 밥벌이에 대단히 큰 역할을 하는 것이다. 바로 그런 작가가 되는 것. 사소한 소재로 독자들이 최면에 걸리게 하는 것. 우리가 원하는 것.

나는 다양한 폭력이 난무하는 소설을 써 왔고, 지금도 쓰고 있다. 내가 겪어야 했던 끔찍한 기억들, 내 친구가 견뎌야 했던 잔인한 순간들, 내 이웃이 감내해야 했던 비참한 과거들에 살을 붙이고 옷을 입혀 소설을 만들고 있다. 공교롭게도 그들은 모두 여자고 상대는 모두 남자다. 하필이면 그렇다. 편향적이라고 비난 받을지도 모르겠지만, 회피하고 싶지는 않다. 어차피 작가는 어떤 시선에서도 자유로울 수 없는 게, 열 명의 독자가 있으면 열 가지의 시선이 존재하기 때문이다.

다음에는 죽음에 대한 소설이 기다리고 있다. 눈물과 폭력, 죽음의 순서로 책을 내고 싶었다. 그 세 가지를 털어내야 비로소 사랑 이야기를 쓸 것 같았다. 사랑이야기도 아프지 않게 쓸 자신은 없지만, 어쨌든 사랑까지 가기 위해선 내 안에 가득 찬 고름부터 터트리고 짜내야 했다. 미움, 증오, 복수 따위를 품고서 온전히 사랑하는 마음을 표현할 수는 없을 것 같았다. 그건 위선이지 않기 위한 나만의 의식 같은 거였다. 내 감정에 기만 없는 글을 쓰고 싶었던 나는 소설가가 되었는데, 첫 책은 산문집이었다.

첫 출간을 앞두고 너무 긴장한 나머지 오랜만에 강력한 감기몸살을 앓았다. 뭘 하든 좀처럼 긴장하지 않는 성격이었다. 딱히 무엇이 두려웠는지 모르겠지만 출간한 직후엔 발가벗겨진 채로 광화문에 서 있는 기분마저 들었다. 아마 소설이 아닌 에세이였고 그 안에서 과거의 내가 알몸으로 서 있기 때문이었던 것 같다. 출간 작가로서의 신고식을 호되게 치른 셈이었다. 지금 생각하면 오히려 잘된 일일지도 모르겠다. 어떤 배짱 같은 게 생겼다고 할까. 처음부터 다 보여줬으니 이제는 어떤 책을 내더라도 속옷 정도는 입고 있을 테니까 말이다.

세상의 이목에는 신경 쓸 겨를이 없다

오늘이 자주 덜컹거리기 때문이겠다

이럴 때는 균형을 잡는 일이 우선이어서

옷이 좀 흘러내리거나 신발 한 짝이 벗겨져도

넘어지지 않는 일에만 집중해야 한다


팡팡, 디스코 리듬처럼

바닥은 출렁인다 시간이 엎질러진다

팡팡, 춤추고 싶지 않은데

나는 종이인형처럼 나부끼며 세상과 붙었다가 떨어

진다

_ 권상진 「디스코 팡팡」* 부분

---

* 권상진 시인의 「디스코 팡팡」은 시집 『시골시인-K』(걷는사람. 2021)에 수록된 시입니다. 이 시집은 경상도를 기반으로 활동하는 여섯 시인의 공저입니다. 좋은 시들이 많았습니다.

먼 길을 돌고 돌아 현재의 나는 전업 작가의 길을 걷고 있다. 초기에는 작가가 되길 잘했다고 생각한 기억이 별로 없다. 가난과 무명이 사람을 너무 고단하게 했다. 어느 정도 익숙해진 지금은 후회하지도 않고 멈출 생각도 없다. 살아 있다는 기분이 이토록 황홀할 줄 몰랐던 나는 글을 쓸 때 극도로 살아있음을 느낀다. 자신의 존재를 느낀다는 건 고맙고도 무서운 일이다. 한번 느낀 그 감정은 잊을 수 없으므로 다시 쓰고 또 쓰게 된다. 살아있는지 확인하고 싶어서 존재의 의미가 희미해질 때마다 글을 쓰고 책을 낸다. 누가 알아주든 말든, 밥벌이가 되든 말든 일단 써야만 살 수 있다. 일종의 중독이다. 해독제가 없으니 죽어야 끝날 지독한 중독. 그렇다면 쓸 수밖에 없는 노릇 아닌가.

나는 이 끔찍한 노동에서 해방되고 싶지 않다. 나는 이 잔인한 중독을 사랑한다. 월급도 없고 보너스도 없고 휴일도 없고 휴가도 없다. 쉬지 않고 일해도 나라에서 보장한 최저시급조차 받지 못하는 신세다 보니 직업이라 말하기엔 참 서글프지만, 그럼에도 불구하고 나는 전업 작가다. 책에 파묻혀 살다가 책이 되어 죽고 싶은 무명작가다.

어쩌면 평생 가난을 안고 가야 할지도 모를 이 두려운 길, 매일 밤 최면에 걸려 커서의 늪에서 허우적대는 이 몽롱한 길을 걷는 사람들을 나는 사랑한다. 그들은 알고 있기 때문이다. 먼지 같은 희열을 마시는 작가들의 공복을. 그것만이 유일한 낙인 고독한 미소를.

오늘도 글을 쓰는 자들은 최면에 들 것이다. 마다할 이유가 없다. 무엇이든 쓸 수 있다면, 우리는.

> 바다를 닮지 않는 어부가 어디 있으랴
> 산 사나이는 산을 닮아가고
> 농부는 땅을 닮아가다 땅이 된다
> 작가도 마찬가지
> 책 더미에 파묻혀 살다가

책이 되어 죽는 게 작가의 운명이다


넌 어떤 책으로 남을 것이냐

더는 혈관 속 피처럼 뜨겁지 않고

더는 칼날처럼 날카롭지도 않은데

누가 와서 네 책갈피를 접고

밑줄을 그어줄 것이냐


언젠가 해금된 지용과 백석의 시집처럼

세상엔 귀퉁이가 너덜너덜 떨어져 나가도록

읽고 또 읽어야 할 책도 많은데

누구 하나 긴장시키지 못하고

누군가의 밧줄 한번 되지 못하면서

어찌자고 책으로 서 있는 것이냐


너에게 묻는다

피 한 톨 돌지 않는 장식용 책이냐

읽지도 않고 버릴 쓰레기로 살 것이냐

아님 이삿짐 쌀 때 마지막까지 챙길

가슴 뜨거운 책으로 살 것이냐

_ 오봉옥 「나에게 묻는다」* 전문

---

* 오봉옥 시인의 「나에게 묻는다」는 시집 『섯!』 (천년의시작. 2018)에 수록된 시입니다. 인생을 돌아보게 만드는 시가 많아서 포스트잇이 날개처럼 달려 있습니다.

## 3. 나만의 익스페리멘틀experimental

 화장실 안쪽 선반 위에 휴지 심 여러 개가 모여 있다. 두루마리 휴지를 다 쓰면 종이로 만든 원통 모양의 심이 나오는데, 거기에 붙어 있는 최초의 한 칸이 매번 잘 떨어지지 않았다. 어떤 때는 두 칸이 붙어 있기도 했다. 그게 못내 아쉬워서 버리지 못하고 모아둔 것이다. 접착된 부분을 조금씩 살살 뜯어내면 휴지 한 칸이 생긴다. 휴지 심 열 개면 열 칸의 휴지가 생긴다. 때론 횡재한 기분이 들기도 했다.

 휴지 심이 쌓여갈 무렵, 슬럼프가 생각보다 오래 지속되었다. 외출은커녕 종일 잠만 잤고 깨어 있어도 이불 속에서 뒤척이거나 창밖을 보며 멍하니 앉아 있는 게 일과였다. 먹는 것마저 귀찮을 정도로 모든 의욕이 바닥으로 떨어졌다. 열심히 사는 게 정답인지 답답했고 그게 답답할 만큼 열심히 살았는지도 의문이었다. 매일 무언가 쓰고는 있지만 그것이 문학인지 모르겠고 확신할 수 없더라도 써야 한다는 강박은 종국에 아무것도 쓸 수 없는 상태를 만들기도 했다.

활동량이 적은 데다 먹는 게 부실하니 싸는 데도 문제가 생겼다. 화장실에 오래 앉아 있게 된 것이다. 생전 없던 변비에 아랫배를 쥐어짜며 배설하지 못하는 고통을 느끼다가 뜬금없이 울음이 터진 이유는 나란히 서 있는 휴지 심 때문이었다. 한 칸의 휴지가 애원하듯 매달려 있는 휴지 심. 이 하찮은 휴지 한 칸도 마지막까지 제 할 일 하겠다고 기다리는데 너는 너를 마지막 한 방울까지 쥐어짜 보았느냐, 휴지 심의 목소리에 비난이 배어 있었다. 하필이면 그때 어떤 시가 떠올랐고 그날 내 몸에 난 모든 구멍으로 슬럼프가 배설되었다.

우리는 똥이 막 나오려고 하는 순간의 감정, 이 세상에서 가장 부끄러운 감정으로 음악을 만들었네 사라지려는 힘과 드러내려는 힘의 긴장 속에서 악기를 연주하고 노래를 불렀지 우리가 생각하는, 우리들만의 익스페리멘틀experimental이라고, 라고나 할까

_ 황병승 「밍따오 익스프레스C코스 밴드의 변」* 부분

변기에 앉아 울었던 순간을 떠올리면 어설프게나마 문학적 방향이 그려진다. '똥이 막 나오려고 하는 순간의 감정'으로 글을 써 본 적 있던가. 혹은 '이 세상에서 가장 부끄러운 감정'으로 써 본 적 있던가. 아름답거나, 아름답지 않아도 아름답게 보일만 한 글만 쓰지는 않았던가. 향기롭거나, 향기가 없다면 향수라도 뿌려서 보여주고 싶지는 않았던가. 나는 내 물음에 끝내 대답

---

* 황병승 시인의 「밍따오 익스프레스C코스 밴드의 변」은 시집 『여장남자 시코쿠』(문학과지성사. 2012)에 수록된 시입니다. 워낙 유명한 시인이지만, 저는 이 시 때문에 팬이 되었습니다.

해주지 않았다.

그렇다면, 해보자. 나만의 익스페리멘틀experimental. 똥을 싸는 순간마다 내 안의 가장 부끄러운 문장 하나씩 쓰고 나가자, 일은 그렇게 시작되었고 나는 실제로 그렇게 했다. 변기 물이 채 다 빠지기도 전에 서둘러 책상 앞에 와서 방금 똥을 싸며 떠올린 문장을 노트에 쓴다. 그렇게 모인 문장을 읽어보며 생각했다. 책상 앞에서 편한 의자에 기대어 아랫배를 내밀고 썼던 글들은 과연 무엇이었을까. 어쩌면 단순한 한글의 조합이지는 않았을까.

돌 지난 아이부터 죽기 전까지, 사람이라면 다 알 만한 배설의 양가성인 더러움과 쾌감. 글은 그렇게 써야 했다. 냄새나는 건 냄새 나는 대로, 못생긴 건 못생긴 대로 배설부터 해야 했다. 제대로 배설도 못 하는 주제에 다듬고 포장하고 향수만 고르느라 슬럼프가 오고 변비가 왔다. 나는 작가인가 사기꾼인가. 비로소 깨달

다니. 똥을 싸다가 황병승의 시가 떠오르더니, 마침내.

 요즘도 가끔 목소리를 듣곤 한다. 납작해진 치약을 돌돌 말아서 짤 때 치약이 하는 말, 다 쓴 샴푸 통에 물을 부어서 흔들어 쓸 때 샴푸 통에서 쏟아지는 비아냥, 작아진 빨랫비누를 스타킹에 집어넣을 때 비누 조각들이 속삭이는 목소리. 귀를 막아도 들리는 그 소리가 이제는 반갑다. 덕분에 나는 '창작'이라는 근사한 단어를 버리고 '배설'을 택했기 때문이다. 세상의 모든 배설은 창작이 될 수 있지만 모든 창작이 배설이지는 않아서, 아름다움과 쾌감 사이에서 헤매었다. 나는 오늘도 변기 위에서 글을 쓴다. 내가 가진 마지막 한 방울까지 배설하기 위해 아랫배에 힘을 주고.

무명작가의 고백

## 4. 음달에 산다고 꿈까지 음달이겠나*

어른들은 늘 꿈이 무엇인지 물었고 나는 어물거렸다. 꿈은 단지 꿈일 뿐인데, 그걸 가질 수 있는 사람은 특별하다고 생각했다. 등단하기 전까지 작가가 되고 싶다는 말을 아무에게도 하지 못했다. 내 까짓 게 꿈이 작가라니. 나 같은 게 시를 읽고 소설을 쓰고 문학을 품다니. 껄껄, 가장 먼저 비웃은 건 나였다. 나의 꿈이 싸구려 안주로 씹힐까 봐 겁이 났던 것이 아니라 나의 꿈을 조롱하는 나를 들킬까 봐 침묵해야 했던 시간은 길어도 너무 길었다. 더위에 끝물이 들기 시작하면 어김없이 앓기 시작했고 그것은 우울이었고 원인은 알 수 없

* 권애숙 시 「응, 응,」에서 차용

었다. 언제부턴가 주체적인 삶을 거부하고 있었다. 로봇처럼 움직이고, 짐승처럼 먹고 자고, 하릴없이 명줄만 이어가고 있을 즈음 꿈이 기어 나왔다.

넌 글을 써야 해.

- 내가 무슨.

넌 글을 써야 살 수 있어.

- 이미 늦었어.

정말 글을 써볼까? 하다가도, 이제는 조롱이 아니라 꿈을 꾸기엔 늦었다는 생각이 들었다. 밥벌이도 힘들고, 쌓이고 쌓인 우울증도 버겁고, 세월도 무섭게 돌진해서 나는 늙고 있는데 시작이라니. 도전이라니. 작가는 아무나 되나. 되려면 진즉 되었겠지. 나는 계속 로봇처럼 살았다. 우울하고 따분한 날들 속에서 지는 노을만 눈에 들어오고, 죽어가는 노인들만 발에 밟히고, 통장에서 빠져나가는 돈에만 전전긍긍했다.

어느 날 새벽, 취기에 그만 판도라의 상자를 열고 말

았다. 고등학교 시절부터 써온 내 일기와 습작들을 숨겨놓은 상자였다. 그 안에는 손대면 데일 것만 같은 내 꿈들이 응축되어 있었다. 눈물은 너무나 당연한 순서였고 찔끔찔끔 흐르던 것이 통곡에 이르렀을 때, 결심했다. 그날의 눈물 속에 삶의 고단함을 담아 내보내고, 모른 체만 했던 내 꿈에 대한 미안함도 담아 내보냈다. 그리고 다시 상자를 봉인했을 때 이미 내 안에는 무서운 무언가가 뿌리를 내렸다.

십수 년 동안 풀지 못하고 남몰래 쌓아만 둔 봇짐. 낡고 촌스럽고 곰팡내를 물씬 풍기는 나의 이야기들이 보퉁이를 비집고 아우성쳤다. 그 요혹에 빠져 미친 듯 글을 쓰기 시작했다. 하루가 바빠졌다. 화장실 가는 시간도 아까울 정도로 공모전 준비에 하루를 쏟았다. 우울증이 기겁하며 도망갔다. 밤잠을 줄여가며 글을 쓰고 밥알을 씹으며 지우기를 반복했다. 내일을 잃은 사람에게 꿈은 생각보다 힘이 센 녀석이었다.

응달에 산다고 꿈까지 응달이겠나

내면 그득 양달을 품고 그늘을 데우는

해맑은 당신의 전부가 빛이다


응, 응, 잘했어 힘내자

달달하게 등 토닥거려주는

당신이나 나나 하층의 힘센 음지식물들


_권애숙 「응, 응,」* 부분


시상식이 있던 계절은 모두 차가웠다. 어느 해에는 첫눈을 맞으며 서울로 향했고, 이듬해에는 서울에 도착하니 폭설이 내리고 있었다. 또 해가 바뀌었고 겨울은 아니었지만, 겨울처럼 차가웠던 한 계절의 끝에서 나는 소설가가 되었다. 내 인생에서 가장 따뜻했던 계

---

* 권애숙 시인의 「응, 응,」은 시집 『흔적극장』(포엠포엠. 2018)에 수록된 시입니다. 너무 좋아서 수없이 읽은 시입니다. 글의 제목으로 차용할 정도로 좋아하는 시입니다.

절은 언제나 겨울이었다.

작가가 되어서도 나는 여전히 응달에 산다. 응, 응달. 비웃지 마라. 응달에 사는 것들이 얼마나 질긴데.

가난한 사람에게 겨울이란 예고하고 당당하게 오는 재난이나 마찬가지다. 그러나 이 철없는 작가는 겨울을 사랑한다. 애증이라고 해도 좋다. 생애 모든 영광이 차가움과 함께 온다면 기꺼이 그 계절을 받들겠나니. 어금니가 달달 떨리는 방구석에서도 나는 입꼬리를 빙그레 올리며 살 수 있다. 지폐 없는 주머니에 동전만 뒹굴어도, 김치가 없어 맨밥을 먹어도, 가난을 소재로 글을 쓸 수 있게 해주는 이 빌어먹을 현실에 감사할 지경이다.

부산역 광장에서도 그랬고
일반성면 시외버스터미널에서도 그랬다
동백 아가씨 흑산도 아가씨
이미자 노래를 메들리로 부르며

함부로 배가 부른

사람들은 저 여자를 미친년이라 했다

모른다 왜

여자의 일생이 미친 저 여자의

부르튼 입술에서 흘러나오는지

한 번도 점심을

점심처럼 먹는 것을 본 적 없는

저 여자의 고픈 자락에

사람들은 박수를 치는지

_ 이철 「트로트 메들리로 도는 여리고성」* 부분

나를 한심하게 보는 사람들은 곁벌이를 하라고 말하며 티 안 나게 혀를 찼고, 쯧쯧쯧. 나를 이해하지 못하는 어떤 사람들은 대놓고 막말을 했지만, 미친년. 다

---

* 이철 시인의 「트로트 메들리로 도는 여리고성」은 시집 『단풍 콩잎 가족』 (푸른사상. 2020)에 수록된 시입니다. 처음에 이 시를 읽고 울었습니다. 읽을 때마다 울컥합니다.

행히 꿈을 꾸어본 사람들은 포기하지 말라고 말해주어서, 힘내요. 나는 빛나는 마음으로 겨울을 되맞이한다. 행복하지는 않아도 어차피 우린 행복을 모르지 않느냐고 괴이한 설득을 남발하며 나는 기꺼이 골 때리는 전업 작가로 살고 있다.

고집처럼 불행하기만 했던 어느 겨울 이전의 나를 떠올리면 끔찍하다. 모든 계절에 모든 이유로 죽고 싶었다. 그때의 불행이 차마 꿈을 건드리지 못했던 현실의 비애였다 할지라도, 지금의 불행이 가난뱅이 무명작가의 답 없는 번뇌라 할지라도, 그때나 지금이나 문학은 나의 꿈이다. 꿈을 향해서는 손가락 하나 까딱할 마음도 먹지 못했던 내게 걸어갈 수 있는 계기를 마련해준 것은 등단이 아니었다. 시작은 보잘것없는 턱걸이 수상이었다. 그것은 탈진해 죽어가는 생에 스며든 물 한 모금 같았다. 작가로 살게 한 마중물이었다.

시작이 화려하지 않아 오히려 다행이었다고 생각한

다. 정상에 툭 떨어지지 않아 근력을 키울 수 있었던 것 같다. 나는 열심히 오르고 있다. 엉금엉금 기어가든 산책하듯 걸어가든 가장 낮은 곳에서 시작한 사람에게는 남다른 근력이 생긴다. 비상飛上에 어찌 날개만 중요할까. 날개 없는 것들은 당연히 추락하고 날개 있는 것들도 결국엔 추락한다. 비상한 채 하늘에 박제되어 마감하는 존재는 세상에 없다. 그렇다면 잘 추락하는 방법을 터득해야지. 이왕이면 추락하지 말고 안전하게 착지로. 그러니 근력을. 부디 충분히.

## 5. 비극적인 해탈의 경지에 이르러

　옛날에 우리 집에는 전집 같은 것들이 많았고, 한자로 된 책도 많았다. 그것들을 읽을 사람은 아버지밖에 없었다. 책 속에 길이 있다는 말은 아버지 인생을 보며 시답잖은 거짓이라는 걸 진즉 깨달았지만, 그래도 활자를 읽는 아버지는 멋있었다. 아버지는 그림에도 소질이 있었다. 그런 유전자만 잘 골라서 챙긴 언니는 그림을 잘 그려 미대를 나왔고 독서나 글쓰기마저 좋아했는데, 언니가 먼저 태어나면서 좋은 유전자를 싹쓸이 한 것인지 나는 잘하거나 좋아하는 게 없었던 것 같다.

　이런 추측들은 작가가 된 후 바뀌었다. 아버지한테 물려받은 좋은 유전자가 내게도 있었다. 아버지는 사업이 망하고 또 망하고 또 망해도 다시 도전했고, 친한 사람들에게 배신을 당하고 또 당하고 자꾸 당해도 사람을 믿었다. 그 기질을 물려받은 나는 떨어지고 또 떨어지고 자꾸 떨어져도 문학 공모전에 응모했고, 상처받고 또 받아도 다시 사랑을 시작했다. 이 얼마나 값지고 경이로운 장점인가. 그런 성향 덕분에 나는 아직 살아 있고, 도전을 거듭해 작가가 되었고, 언제든 사랑하고 상처받을 준비도 되어 있다.

물론 처음부터 그랬던 것은 아니다. 공모전에 응모하기 시작한 초창기에는 심사 결과가 나온 날부터 사흘 밤낮 술을 마시면서 나의 재능과 노력을 의심했다. 낙선을 몇 번 경험했을 무렵에는 사흘 밤낮 술을 마시면서 심사위원이나 주최 측을 욕했다. 쉬지 않고 계속 떨어지자, 사흘 밤낮 술을 마시면서 떨어진 나의 명작을 다시 읽고 퇴고를 했다. 응모와 낙선이 거듭될수록 뭔가 달라지는 걸 느꼈다. 점점 나를 의심하지도 않았고 누구를 욕하지도 않았으며 술도 마시지 않았다. 그저 덤덤히 다음 준비를 했다. 나는 그것을 비극적인 해탈의 경지라 부르고 싶다.

너무 뜨겁다.
자꾸 꼬인다.

언제 끝날지 무한대다.

고생 끝에 낙이 오리라.
곧 축복처럼 설탕이 쏟아지리라.

꽈배기의 시간은 짧다.

설탕 가루 반짝이는
추억만이 손짓할 거다.

_ 이정록 「꽈배기의 시간」* 전문

## 무명작가의 고백

지금도 공모전에 보낼 장편 소설을 쓰고 있다. 명예나 감투 따위에 전혀 관심 없는 내가 공모전을 계속 기웃대는 이유는 지방 무명작가에게 들어오는 청탁은 빌어먹을 만큼 적고, 생활비가 빠듯하니 대출이나 빚으로 가득 찬 풍선에 바람 빠질 날이 없고, 이렇게 살아도 남들처럼 나이는 꼬박꼬박 잘 먹으니 노후가 걱정되고, 그렇다고 이 짓을 그만두기에는 비극적인 해탈의 경지에 이르기까지 버틴 세월이 너무나 아깝기 때문이다. 그리고 무엇보다 나는 내 글의 힘을 믿는다. 그것도 아버지에게 받은 대책 없는 우성 인자이자, 그 어떤 것과도 타협하기 싫은 얄망궂은 고집통이다.

미끄러운 바닥에서 맨발로 점프하는 내게, 책 한 권을 내도 될 만큼 많은 조언과 충고가 날아들었다. 스스로 문인이라 칭하며 문단에서 굴러온 사람들이었다. 그들이 했던 충고 중에는 더러운 것도 있었고, 나쁜 것도

---

* 이정록 시인의 「꽈배기의 시간」은 시집 『아직 오지 않은 나에게』(사계절. 2020)에 수록된 시입니다. 청춘 시집이라 할 만합니다. 젊음 속에 씩씩한 다짐들이 돋보입니다.

있었고, 비겁한 것도 있었다. 다 내가 싫어하는 것들이었다. 조언이나 충고는 상대방의 형편과 성향을 정확히 파악한 후에 알맞은 내용을 적당한 문장으로 골라서 해야 하는 상당히 난도가 높은 말하기다. 그걸 잘 모르는 사람들이 많다.

선배랍시고 섣불리 말을 뱉었다가 애송이 후배의 바운더리 바깥으로 던져지는 수모를 당할 수도 있다. 나는 그렇게 할 수 있는 사람이었다. 그들은 내가 비극적인 해탈의 경지에 이르렀다는 사실도 몰랐고, 타협하지 않는 고집이 있다는 것도 몰랐던 것이다. 나는 더럽고, 나쁘고, 비겁한 짓을 하지 않고도 그런 말을 뱉은 사람들보다 더 훌륭한 작가가 될 수 있다는 근거 없는 자신감도 굳혔는데, 역시 아버지에게 받은 골 때리는 낙관성이다.

글을 써야 살아 있는 걸 느낀다면 써야 할 운명이다. 그 일을 하며 먹고 살고 싶다면 작가가 되어야 한다. 그런데 작가가 되어도 글만 써서 먹고사는 일은 징그럽게 힘들다. 등단하지 않고 책을 내어도 작가라고 호칭해주지만, 그렇게 부르면서도 그들을 진짜 작가라 여기는 선배들은 별로 없었다. 심지어 그 책이 잘 팔리기까지 하면 뒷담화의 대상이 되는 것도 보았다. 그들에겐 오로지 등단이 작가의 기준이었다. 세상이 바뀌는데, 사람은 바뀌지 않는다. 그런 사람들이 애송이한테 충고는 또 잘한다.

오늘 나는 임의로 제출되었다

누구도 나를 펼쳐보지 않아

집으로 반품되는 중이다

표준 어법으로 억양을 각색했던바

원산지 표시에 하자가 드러난 것

내가 가문의 재활용품이 된 지는 오래

식구들은 내 꿈으로 출근하여 나를 재구성한다

내가 다시 신제품으로 출고되면

내가 있던 빈자리를 난로인 양 둘러앉은 식구들

입을 모아 빌고 있다

대박이 아니라도 좋아,

반품이 되어도 좋아,

바겐세일만은 사양해!

_ 조재형 「즐거운 세일」* 전문

    결국, 내가 찾은 답은 비극적인 해탈의 경지에 이를 때까지 나를 믿어야 한다는 것뿐이었다. 좋은 글은 무엇보다 자신을 믿을 때 나온다는 걸 자꾸 떨어져 보면 깨달을 것이고, 작가는 어느 정도 대책 없거나 고집쟁이여도 괜찮다는 사실은 비겁한 유혹이 닥칠 때마다 깨달을 것이다. 물론 좀 가난하거나 무명이 오래갈지도

---

* 조재형 시인의 「즐거운 세일」은 시집 『누군가 나를 두리번거린다』 (포지션. 2017)에 수록된 시입니다. 무명작가의 설움을 웃음으로 날려버렸습니다.

모른다. 괜찮다. 비극적인 해탈에 이르렀다면.

　나의 삶과 문학이 언제나 정품이기를 바란다. 반품은 당해도 바겐세일만은 하지 않겠다고, 아무리 가난해도 짝퉁은 만들지 않겠다고 다짐한다. 빚이 더 늘어도 돈 때문에 나의 문학을 담보하지는 않을 것이다. 앞으로도 내게 비겁함을 가르치려는 사람이 있다면, 그 사람이 권력이 있거나 유명할수록 내 인생 밖으로 던져버리고 쓰던 글을 마저 쓰리라. 이것만은 아버지에게 받지 못한, 후천적 성향이다.

## 6. 겨울에는 사랑하는 게 좋겠다

부산에 가면 사십계단 길이 있다. 나는 그 아래를 걷고 있었다. 겨울밤이었고 취했었고 사랑을 떠나보내는 중이었다. 하모니카 소리를 들었다. 몸을 조금 움직여 보니 계단 중앙에서 남자가 하모니카를 불고 있었다. 처음 듣는 하모니카 연주. 감미롭고 깊은 그런 곡이었다. 나는 그를 바라보며 한참 서 있었다. 남자의 연주는 간혹 멈추었고 이따금 파열음이 났다. 빛이 없는 곳으로 눈을 돌려보니 남자가 선 건너편에 한 여자가 난간을 부여잡고 주저앉아 있었다.

연주가 끝난 후 여자는 비틀거리며 계단 위로 올라갔고 남자는 그녀를 따라가지 않았다. 계단 아래까지 내려온 남자는 고통스러워 보였다. 그의 눈에서 쏟아진 눈물은 얼어버릴 새도 없이 계속 미끄러지고 있었다. 두 사람은 단 한 번도 뒤돌아보지 않은 채 올라가거나 내려왔다.

나는 두 사람이 사라진 계단 위로 올라갔다. 그들이 머물렀던 계단 중턱에 서서 위아래를 바라보았다. 오르는 마음이 편할까 내려가는 마음이 편할까 잠깐 생각했다. 터벅터벅 계단을 내려오는데, 갑자기 옆으로 뭔가 휙 지나갔다. 비틀거리며 계단을 오르던 여자였다. 나는 얼음이 되고 말았다. '빨리 뛰어요! 더 빨리!' 그런 생각을 했던가. 두 사람이 만났는지 아닌지는 알 수 없다. 여자가 늦지 않게 뛰어갔고 남자가 그녀를 두 팔 벌려 안아주었기를 바랐을 뿐.

당신 앞에 있는 사람을 사랑하는가

바로 지금 시작하든지 아니면 떠나라

사랑이란 제 몸에 가두지 못하면

언젠가는 얼어붙는 강물이니

이 순간에 배를 띄우지 않으면

이승에서 도착할 행복이란 항구는 없다

씨앗은 농부가 뿌리고 움은 때가 틔운다

겨울이 갔으니 봄의 곳간 열어라

목련꽃 봉긋한 여인의 가슴이면

지루한 한생이 거뜬하지 싶어도

우리가 알 수 있는 건

끝이 없는 생이란 지금뿐이라는 것이고

마음에 날개를 다는 것은 새가 아니라는 것이다

세월의 강 위에 죽은 날들이 흘렀으니

이제 조문은 끝났다


그대는 손가락이 예쁜 국밥집 여인의 눈길을

외면하지 말아야 한다


환장할 봄날에 울지언정

음복은 사람이 하고 감당은 신이 할 일이다

_ 이정모 「지금」* 전문

  문학에 빠지기 시작한 무렵의 일이다. 그들의 얘기를 소설로 쓰고 싶었으나 끝내 쓰지 못했다. 나도 사랑이라는 것을 해보았고 이별이란 것도 해보아서, 그날의 장면에 사사로운 감정을 입혀 각색하고 싶지 않았

---

\* 이정모 시인의 「지금」은 시집 『허공의 신발』 (천년의시작. 2018)에 수록된 시입니다. 나약한 저에게 희망을 준 시입니다.

다. 당시엔 아름답고 황홀한 글만 쓰고 싶었고 글 속에서 불행한 나를 드러내지 않으려고 노력했다. 그러나 그 얘기를 썼어야 했다. 아름다움이 어찌 웃음 속에서만 존재한다고 생각했을까. 자기 자신이 전혀 용해되지 않은 글이 어찌 가능하다고 생각했을까.

작가가 된 지금은 보통 사람들의 상처에 관한 이야기를 주로 쓴다. 세월 따라 잊고 살았던 감정들이 나를 뒤덮기도 한다. 그 때문에 속도가 빠르진 않지만, 더딜지언정 멈추지는 않는다. 내가 드러나도 이제는 부끄럽지 않다. 오히려 아프고 힘겹게 쓴 글이 좋다. 작가가 피를 토하며 쓴 작품에는 반드시 피가 묻어있고 독자들 가슴 속에서 응고될 것임을 알게 된 까닭이다.

최근에 나는 그날 본 장면에 서사를 넣어서 어쩔 수 없이 헤어져야 하는 연인의 이야기를 쓰고 있다. 내가 겪어온 사랑이란 것들은 하나같이 비극이었고, 아름다운 이별이란 걸 해본 기억이 없다. 그건 단지 반복된 오류일 뿐이었다. '어쩔 수 없이'라는 단서가 붙은 이별은 아름다울 수도 있지 않을까, 라는 생각을 하게 되었다. 작가로 살아가는 사람들이 좋아하는 일을 하는 대신 어쩔 수 없이 짊어져야 하는 가난이나 고독 같은, 세상에는 정말 어쩔 수 없는 일들로 가득하지 않던가.

> 밤 불빛들을 세며 벽을 짚으며
> 밤늦게 일 마치고 돌아가고 있을 그대여
> 그 겨울밤
> 네가 아무것도 되는 일이 없었으므로
> 나는 너를 사랑하였다
>
> _ 성윤석 「겨울밤」* 부분

만약 그날의 연인들이 계단 위에서 사랑을 속삭이

---

\* 성윤석 시인의 「겨울밤」은 시집 『2170년 12월 23일』 (문학과지성사. 2019)에 수록된 시입니다. 자존감이 바닥칠 때마다 이 시를 읽으면 위로가 되었습니다.

거나 밀회를 즐기고 있었다면, 이십 년이 지난 지금까지 이토록 선명하게 남아 있을 기억은 아니었다. 확연한 이별이었고 하모니카가 있었다. 그리고 겨울밤이었다. 어떤 계절을 기다리는 마음은 출간하는 설렘과 비슷하다. 내겐 겨울이 그렇다.

겨울에는 누군가를 사랑하는 게 좋겠다. 그게 누구든, 어떤 이유든 사랑하면 좋겠고 사랑했다면 좋겠다. 어쩔 수 없이 추운 길바닥을 배회해야 하는 발걸음이 없기를. 인제 그만 이별하기를. 당신이 아무것도 되는 일이 없어도 당신을 사랑하는 사람이 있다는 걸 믿었으면 좋겠다.

무명작가의 고백

## 7. 욕망 덩어리 무명작가


사내는 바다를 향해 추락한다. 바닷속으로 잠기는가 싶더니 이내 뭔가 억울하다는 듯 끔뻑끔뻑 눈을 부라리며 수면을 향해 도약하기 시작한다. 전역한 아들놈의 등록금 영수증이 아른거리고, 결혼을 앞둔 딸내미의 볼멘 목소리가 아우성친다. 이대로 간다 해도 후회 없을 만큼 오지게 일만 하며 살았고, 이대로 간다 해도 뒤탈 없을 든든한 생명보험도 있다. 그래도 살아야겠다. 사라진 것들에 대해 세상은 그리 오래 아쉬워하지 않는 법이다. 아버지 떠나고 얼마 되지 않는 땅뙈기 전장김 찢듯 쫙쫙 찢어서 형제들 나눠주며 어머니는 말씀하셨다. 죽은 놈만 불쌍하지. '불쌍한 죽은 놈'이 되길 거부하며 바득바득 살아난 사내는 난을 치는 멋쟁이 할아버지가 되었다.

삶의 이유가 반드시 있어야 사는 것은 아니지만, 지구 중력보다 수십 배는 더 짓누르는 중년 가장의 삶은 차라리 먼지가 되고 싶을 만큼 버티기 힘든 것이었고 그림을 포기했던 젊은 날의 애상은 빈 젖을 빠는 아기처럼 자주 칭얼거렸다. 지인의 부고訃告가 스팸 문자처럼 쏟아지기 시작하는 나이가 되었을 때, 삶에 의미가 간절해졌다. 그러나 아무런 호기를 부릴 수도 없는 자신의 성정을 탓하며 끌리듯 찾아간 고향에서 삶의 끈을 잡는다는 것이 죽음의 동아줄을 잡아버린 것이다.

육신이 바닷속으로 침잠했다가 다시 수면 위로 솟을 때마다 사내는 다짐했다. 여기서 살아나가면 반드시 그림을 그리겠노라고. 다시 산다면 남은 생은 그림쟁이로 살겠다고. 사내는 화가로 불리지도 못했고 돈을 벌지도 못했지만, 원하던 대로 난을 치며 살았다. 그저 그림을 그리고 싶었을 뿐 돈을 벌 생각도 명예를 얻고 싶은 욕심도 없었다고 했다. 그래야 한다고도 했다.

 글자에 짓눌리고 문장에 휘둘려 숨이 막힐 때마다, 매일 아침 청탁 없는 빈 메일함을 열 때마다 나는 그 할아버지를 생각한다. 그를 만났을 때만 해도 나는 간절한 작가 지망생이었다. 던져놓은 낚싯대 따위엔 신경도 쓰지 않고 하늘만 바라보던 나를 오뚝하니 주시하던 그는 "그런다고 삶이 낚아지겠소?"라고 말했었다. 네? 무언가 들킨 것 같아 아닌 척해보았지만, 아닌 척하는 것까지 다 알아본 그가 그렇게 자신의 이야기를 들려주었다. 그의 옷섶에 먹물 자국이 낭자했다.
 "그림 그리는 손은 아니고, 글을 쓰시오?"
 고개를 끄덕이던 내게 다가와 담배를 내밀던 백발의 노인. 무슨 이런 할아버지가 다 있나 싶었다. 내가 그 할아버지를 잊지 못하는 이유는 잔인했던 질문 때문이다.
 "글을 쓰고 싶은 거요, 작가가 되고 싶은 거요?"

## 무명작가의 고백

 나는 글을 쓰고 싶은 거라고 말하고 싶었지만, 차마 그렇게 말하지 못한 정직한 내 양심을 다독였다. 자질이 부족해 글자에 짓눌리고 문장에 휘둘리지만, 오늘도 글을 쓸 수 있음에 감사해야지. 청탁이 없어도 꾸준히 쓰는 나의 인내를 쓰다듬어줘야지. 매일 그렇게 주문을 외우지만, 자신을 속일 수는 없는 노릇.

 그래, 난 솔직한 게 좋아. 글 써서 돈도 벌고 싶고 작가로도 유명해지고 싶어. 꿈이란 것에 욕망이 들어가면 더러운 것인가. '이상과 개성을 표현하는 일종의 취미'*로 부자가 되면 나쁜 것인가. 가책을 받으면 사람이 이렇게 꼬이게 되어 있다. 할아버지의 말도, 김동인 소설가의 말도 그런 뜻이 아닌데, 무슨 의미인지 아는데, 늦깎이로 등단하여 무명한 상태에 있는 작가가 들으니 심사가 비비 꼬이고 만다.

---

\* 김동인 산문 「나의 문단 생활 20년 회고기」, '문예는 밥을 먹기 위한 노력이 아닌 자기의 이상과 개성을 표현하는 일종의 취미로써 생각함이 지당하다.' 부분

백지 한 장 모루 위에 올려진다

볼펜보다는 낫겠지 싶어 잡았을 연필에 불끈 힘이 들어가기 시작한다

숱한 풀무질에 달궈질 화덕처럼, 새파랗다 못해 하얗게 솟을 불꽃처럼, 진이 빠질 때까지 반복되는 메질처럼 움켜쥔 연필 안에서 글자가 터져 나온다

_ 심승혁 「시인의 가마」* 부분

바다에 빠졌던 중년의 사내처럼 나는 바다에 몸을 던진 적은 없다. 등록금을 마련해줘야 하는 아들도 없고 결혼을 시켜야 하는 딸도 없다. 그렇다고 삶이 낙관적이지는 않다. 죽음을 목전에 둔 그가 그림을 떠올린 것만큼 내게도 문학이 이번 생의 전부다. 취미로 만족

---

* 심승혁 시인의 「시인의 가마」는 시집 『수평을 찾느라 흠뻑 젖는 그런 날이 있다』(도훈. 2020)에 수록된 시입니다. 작가로서 깊이 공감한 시입니다.

하지 못하고 글을 생업으로 삼아서 이렇게 가난한 것이라고 가차 없이 날 비난하여도 좋다. 글을 팔아 쌀을 사는 삶도, 그래서 영화롭지 못한 삶도 후회하거나 부끄러워한 적 없었다. 나는 돈을 받고 글을 쓰는 생계형 작가다.

이 밥벌이가 부끄럽지 않은 이유는 받는 돈의 액수와 상관없이 언제나 영혼을 갈아서 쓰기 때문이다. 매일 풀무질을 하고 밤낮없이 메질하여 글자를 터트리고 문장을 빚는다. 온몸에 열꽃이 피어도 가마 앞을 떠나지 않는다. 끼니를 거르고 불면에 시달리면서도 버리고 만들고, 버리고 만든다. 그렇게 번 돈은 수줍은 액수에 불과하며 몇 프로는 어깨와 손목, 허리에 붙이는 파스값으로 나간다.

영혼을 갈아 만든 글자마다 꽃이 피어, 내 삶도 활짝 피기를 바라는 나는 욕망 덩어리 무명작가다. 그래서 하는 말인데, 나를 비난하려거든 내 책 한 권 사보고 해도 늦지 않을 것이다.

## 8. 남겨져야 하는 직업

택배가 곧 도착한다는 전화를 받고 대문 밖까지 마중을 나갔다. 운전석에 낯익은 택배 기사님이 앉아 있고 옆자리에 아내로 보이는 여자가 앉아 있었다. 내가 택배 상자를 건네받자 여자가 말했다. "이런 곳에 살 사람 같이 안 보이는데, 안타깝네요." 나는 아무 말 없이 웃으며 대문 안으로 들어왔고 들어와서 생각해보니까 화가 났다. '이런 곳'이라는 단어가 종일 머릿속에 똬리를 틀었다. 이런 곳은 어떤 곳이고 이런 곳에 살 사람은 어떤 사람이고 이런 곳에 사는 게 안타까운 이유는 뭘까.

당시의 나로서는 살기 위한 선택이었다. 치료가 끝나기는 했으나 불안장애와 공황장애가 남아 있어서 인적 없는 시골만 전전했다. 무엇보다 무일푼에다가 대형견과 함께 살아야 하는 조건 때문에 제대로 된 집을 구하기가 쉽지 않았다. 그런 악조건 속에서도 살아내기 위해서 이곳으로 피신했던 것이다.

언젠가, 학벌 좋고 직업 좋은 어떤 남자가 말했다. 산골 마을 방공호 같은 집에 숨어 살아온 시간이 나를 치유한 게 아니라, 부대낌 없이 유리 천장 속 무균실에 갇혀 있었기 때문에 그렇게 느끼는 거라고. 긴 세월 내가 나를 지키기 위해 했던 모든 노력과 견뎌야 했던 감정들이 순식간에 물거품이 되는 순간이었다. 그날부터 다른 단어가 똬리를 틀었다. 무균실. 무균실.

사람들은 겁 없이 타인의 삶을 판단하고 정의하고 말해버린다. 심지어 그렇게 판단하는 기준은 당장 눈에 보이는 것이 전부다. 내가 이런 곳에서 이렇게 살아온 덕분에 작가가 되었고, 더 나를 미워하지 않게 되어 그 어느 시절보다 평온했다는 사실은 눈에 보이지 않았을 것이다. 서울에 사는 어떤 작가는 이런 곳에서 글 쓰며 사는 걸 그렇게 부러워했다. 초라하고 비루한 생활이라는 걸 알면서도 부러워했다. 같은 영역에 있는 사람들이나 아파 본 사람들만 아는 삶이 있는 것이다.

무균실에 날 가둬 놓아야 살 수 있다면, 그래, 난 이렇게 살겠다. 세상 밖으로 나가는 일이 반드시 신체가 동반해야 하는 건 아니라고 생각한다. 그럴 수 없는 사람들이 생각보다 많다는 것도 알고 있다. 몸과 몸이 부딪히는 일이, 눈과 눈이 마주치는 일이 힘들어서 어쩔 수 없이 신체를 가두고 살아야 하는 사람들이 의외로 많다. 나는 나를 가두고 글을 썼다. 이미 무수히 찢어진 생을 기워가며 악착같이 작가가 된 것이다.

나를 무수히 찢어야 했어

실국화나 꽃무릇처럼 가닥가닥

튤립과에 속하는 것들은

알 리 만무한 고통이지만

천 갈래 만 갈래 나를 찢어서

시를 얻고 사랑을 얻었던 거지

꽃 피었다는 거?

별거 아니야

그냥 너덜너덜하게 해진 거라고

_ 한혜영 「피는 꽃」* 부분

몸뚱이 따위 무균실에 가둬둔다고 스트레스에서 해방되거나 상처가 생기지 않는 건 아니다. 내가 가만히 갇혀 있어도 굳이 찾아와서 나를 해할 사람은 해하고 사랑하는 사람이 죽는 악재들이 날아온다. 숨만 쉬고

---

* 한혜영 시인의 「피는 꽃」은 시집 『검정사과농장』 (상상인. 2020)에 수록된 시입니다. 자신을 찢어 본 사람만이 공감할 수 있는 솔직한 시입니다.

살아도 올 건 다 온다는 말이다. 세상에 무균실 따위는 없다. 우린 죽을 때까지 상처받고 울고 발버둥 쳐야 하는 인간에 불과하다. 타인의 인생을 논하며 잘난 척할 만큼 건강하고 반듯한 사람은 아무도 없다는 말이다.

나는 이런 생활을 그만할 생각이 없다. 가난하지만 구속 없는 삶은 다친 몸을 춤추게 했고, 죄책감 없이 이따금 누리는 방종은 샤워 후 마시는 맥주보다 황홀했다. 내가 나를 가두고 글을 쓴 것인지, 글을 쓰기 위해 나를 가둔 것인지 이제는 모르겠다. 어느 쪽이든 오직 나의 선택이었다. 무엇보다 중요한 것은 예전보다 더 많은 글을 쓸 수 있었다는 사실이다. 내가 하고 싶은 일만 해도 무방한 일상은 한 번도 만나지 못했던 높은 수준의 가치와 만족을 느끼게 해 주었다.

전업 작가는 쓰는 직업이 아니다. 남겨져야 하는 직업이다. 어느 장소에서든 혼자 잘 남겨져야 하는 직업이 전업 작가다. 마음을 다쳐 돌이키기 힘든 사람들, 세상에 몸을 내놓기 힘든 사람들, 나는 그들이 전업 작가의 삶에 도전했으면 좋겠다. 가난과 고독에 맞설 용기와 문학에 생을 걸 각오만 있다면 어느 지붕 아래에서도 다시 춤을 추게 될 것이다. 방공호든 무균실이든 '이런 곳'이든.

## 9. 나는 지금 가장 위험한 짐승이다

　일로 만나는 자리였기 때문에 아무 걱정도 하지 않았다. 아직도 여자로 살아가는 게 불안하지만, 일로 만난 자리였으니까 정말 어떤 우려도 하지 않았다. 공중파에 나올 만큼 사회적 지위라는 게 있는 분이었고, 종사하고 있는 직종에서 나름 존경받고 있는 선생님이었으며, 배려 깊은 문체로 책까지 펴낸 저자인 중년의 이혼남. 그가 옆에 앉은 내 허벅지를 조물거렸다. 일이 끝난 후 다 함께 간 뒤풀이 자리에서였다.

　나는 그날 정말 많이 울었다. 성과 관련된 범죄를 너무 많이 겪어서 수치심이 몸에 배어 있었던 나의 이십대가 떠올랐다. 아무에게도 말하지 못하고 혼자 삼키다가 다 삼켜지지 않으면 턱 빠진 바보처럼 침을 질질 흘리며 살았던. 용기를 내서 범행을 공개하고 사과를 요구하면 돌아오는 건 더 큰 수치심이거나 협박이거나 동종 업계에서의 매장이었다.

며칠 뒤, 그 자리에 함께 있었던 다른 남자가 그날 있었던 성추행을 그에게 언급했다. 그는 술에 취해서 기억나지 않는다는 지긋지긋한 변명을 했다고 들었다. 내게 연락할 여러 가지 경로를 알고 있으면서도 그는 내게 사과하지 않았다. 그 사건도 삼키고 살려고 목구멍을 크게 벌리며 지내고 있던 어느 날 그에게서 메시지 한 통이 날아왔다. 지금 지옥이라고. 아무리 뚫어져라 쳐다보아도 미안하다거나 잘못했다는 단어는 없었다. 본인 마음이 지옥이니 그 지옥에서 벗어나게 해 달라는 말이었다. 그러니까 내가 사과를 받아주면 그의 기억이나 양심에서는 백지처럼 하얗게 지워지고 말 일이었다. 그래서 나는 사과를 받고 싶지 않았다. 죽을 때까지 그 기억을 안고 살라고.

그가 잠깐 멈추었던 SNS를 다시 활보하고 있다는 걸 알게 되었을 때, 친절하고 배려 깊은 사람의 가면을 쓰고 가상 세계를 누비는 그의 글을 다시 보게 되었을 때 알게 되었다. 아, 죽을 때까지 그 기억을 안고 살라는 저주가 가해자에게는 통하지 않는 거구나. 그저 피해자만 평생 돌멩이 하나 더 얹고 사는 거구나. 너희는 그렇구나. 잘도 까먹는구나. 그래서 언제나 죽는 건 아이들이거나 여자들이거나 피해자이거나.

아름다운 아이들 말고

당신이 죽었으면 좋겠다

김 서린 창문에다 썼다고 방심하지 마

싹싹 지워도 창문은 투명하니까 안팎에서

보고 있으니까 당신처럼 빳빳한

종이에다 쓰지 않았다고 안 돌아보면

가장 빠른 전갈이 갈 거야

당신이 죽였어요 우린 다 당신 같은 족속들이

쳐 죽였어요

기실 때리자 죽이자 부려 먹자 나온 놈들은

다 아는 놈들이다 심지어

친구다 스승이다 좆같은 선배다 아주 더 좆같은 후배

다 나다

_김승일 「반성과 배신과 당신」* 부분

사건의 경위를 전해 들은 친한 언니가 흥분하며 말했다. 그런 사람은 응분의 대가를 치러야 한다고. 나는 고개를 저었다. 그가 명백한 잘못을 한 것이 맞기는 하는데, 잃을 게 너무 많은 사람이라서 그러고 싶지 않다고 했다. 그가 모든 걸 잃고 난 후가 나는 너무 두려웠

---

* 김승일 시인의 「반성과 배신과 당신」는 시집 『프로메테우스』 (파란. 2016)에 수록된 시입니다. 이 시집에는 아프고 뜨겁고 놀라운 시가 많습니다.

다. 보복이 무서운 게 아니었다. 나를 괴롭게 했다고 내 손으로 모든 걸 잃게 만들고 싶진 않았다. 현재 피해자는 내가 분명하지만, 훗날 내가 가해자가 된 기분이 들까 봐, 나는 그러고도 남을 애니까, 돌멩이 하나 내려놓는 셈 치고 삼키기로 한 것이다.

마흔이 넘으면 어느 정도 안전할 줄 알았다. 중년의 여자가 성추행을 당하고 성희롱을 당하는 확률은 낮을 거로 생각했다. 늙어가는 건 슬프지만, 많은 부분에서 자유로워질 거라고 믿었다. 역시 바보 같은 생각이었다. 아직도 그 기억이 나를 괴롭힐 때가 있다. 가끔은 꿈에도 나온다. 그의 손이 내 허벅지에서 꿈틀꿈틀, 잠에서 깬다. 가슴에 묻어놓고 살았던 수치심들이 깨어나 나를 힘들게 한다. 반복되는 수치심은 자존감을 갉아먹고 자존감이 낮아지면 삶이 조금씩 파괴된다. 그건 죽음과 다름없다.

'돌이킬 수 없는 일은 돌이켜선 안 되는 일'*이라던

---

* 노혜경 시집 『말하라, 어두워지기 전에』 「실어증」 마지막 구절

어느 시의 마지막 구절이 떠오른다. 돌이켜선 안 되는 돌이킬 수 없는 일을 돌이키는 순간, 간신히 지혈되었던 누군가의 피는 폭발하는 휴화산처럼 대책 없이 솟구칠 것이다. 죄 없는 문학이 그 죄를 덮어쓰고 나는 아픈 글자를 흘리고 있다. 평생 아름다운 글은 쓸 수 없을지도 모른다.

연필을 벼른다.
문학을 찌른다.
자학이자 자살 미수다.


마지막 방문에는
'세상에서 가장 위험한 동물'이라고
깊이 새겨져 있었다.
호기심에 얼른 문을 열었다.
그런데 방은 텅 비었고 정면 벽에

커다란 거울 하나가 걸려 있었다.

내 얼굴이 크게 비쳤다.

_이산하 「가장 위험한 동물」* 부문

   글 쓰는 일은 나체로 거울 앞에 서는 일 같았다. 부끄럽고 초라했고 한심했다. 지금 내가 바라보고 있는 거울 속에는 세상에서 가장 위험한 짐승 한 마리가 웅크리고 있다. 이빨이 다 빠지고 근육은 찾아볼 수 없는 메마른 몸뚱어리. 몸에 난 구멍마다 날카로운 연필이 솟아오른다. 세상에는 돈이 총이 되고 권력이 칼이 되고 사랑이 살인 도구가 되기도 하더라만, 아무것도 가진 것 없는 변방의 작가 나부랭이는 연필 따위나 벼른다. 알기 때문이다. 세상에 연필보다 더 큰 무기는 없다는 것을.

---

\* 이산하 시인의 「가장 위험한 동물」은 시집 『악의 평범성』 (창비. 2021)에 수록된 시입니다. 한동안 거울을 보지 못했습니다.

결국, 어떤 이유도 글을 쓰게 만든다. 어떤 상처를 받아도 어떤 빌어먹을 상황에 부닥쳐있어도 나는 글을 쓴다. 얼마나 다행이란 말인가. 글 쓰는 게 업이 아니었다면, 내가 작가라도 되지 않았더라면, 문학이란 걸 몰랐더라면, 내 머리통은 수치심으로 인해 이미 박살 났을지도 모른다. 얼마든지 나를 짓밟아라. 내 생의 마지막 날에도 나를 짓밟은 자를 향해 기필코 한 문장은 쓰고 죽을 테니.

## 10. 이름 좀 불러주시라

 내 앞으로 온 우편물을 열었다. 분명히 이은정 앞으로 왔는데 내 것이 아니었다. 어느 협회에서 동명이인을 착각하고 보낸 사인본이었다. 내게 온 것이 아니라는 건 저자가 사인하며 덧붙인 메모를 보고 알았다. 며칠 기다려도 따로 연락은 없었다. 알아도 돌려달라는 말은 못 하겠지만, 나는 우체국까지 가서 기어이 반송했다. 학창 시절에는 이름 때문에 오해가 많긴 했는데 이런 일까지 생길 줄은 몰랐다.

 작가 이름으로는 너무 흔하지 않을까? 라는 생각을 종종 했었다. 등단하기 전부터 그랬다. 나만 그런 생각을 하는 줄 알았는데 작가 지망생 중에는 그런 고민을 하는 친구가 제법 많아 보였다. 작가가 되기도 전에 필명부터 고민하는 건데, 그럴 수 있다고 생각한다. 내가 그랬기에 이해되는 게 아니라 그런 고민이 무언가를 지망하는 사람에겐 자극이 될 수 있기 때문이다. 어쨌든 독서실에 가면 책상 닦고 자세 잡는 데만 한 시간을 소요했던 나답게 필명에 관한 고민을 깊게 했었다.

내 이름은 이은정이다. 이 은정, 저 은정처럼 들리는, 마치 지시대명사 같은 나의 성姓. 쇼핑몰에서 은정아! 하고 부르면 열두 명은 쳐다볼, 바람처럼 나뒹구는 이름. 그 둘이 합체했으니 내 존재가 마치 복제한 듯 느껴진 순간은 제법 많을 수밖에 없었다.

국내에서 알려진 소설가들의 이름을 살펴보았다. 박, 완서. 권, 여선. 은, 희경. 공, 지영. 김, 애란. 정, 세랑. 무려 한, 강. 이름이 좀 흔하다 싶으면 성이 받쳐주고 성이 흔하다 싶으면 이름이 임팩트 있었다. 금은정, 이었으면 얼마나 좋았을까. 동은정이라도. 뭐 그런 생각들을 자주 했다는 얘기다. 그러나 필명을 만들 새 없이 등단했고 나는 본명으로 전업 작가 활동을 하고 있다. 작가 지망생이었던 이은정은 소설가 이은정이 되었고 발표하는 지면이나 출간하는 책에 이은정이라는 본명을 내걸고 있다.

인터넷 검색창에 '이은정'을 검색하면 절대 내 존재를 찾기란 힘들고 적어도 '작가 이은정'으로 검색하면 운 좋게 찾을 수도 있지만, 내가 아닌 '작가 이은정'은 생각보다 많다. 동명이인을 잘못 보아서 다른 이은정 작가가 낸 책을 내 책인 줄 알고 구매한 사람도 있었다. 뭔가 억울했다. 이제 어떻게 해야 할까.

긴 고민 끝에 답을 내렸다. '이은정' 중에 가장 유명한 '이은정'이 되어보기로 다짐한 것이다. 독특한 필명 덕분에 기억하기 쉽고 찾기 쉬운 작가로 사는 것도 좋을 테지만, 철수나 영희만큼 흔하디흔한 은정이라는 이름을 작가라는 단어와 함께 검색했을 때, 그땐 반드시 내 정보가 나오도록 하자. 그 말은 결국 글을 열심히 쓰겠다는 뜻이었다.

  소설가 이은정, 하면 누구나 나를 떠올리게 만들겠다는 다짐. 정말 그렇게 된다면 그것이야말로 큰 성취감일 수 있다. 흔해서 불만이었던 이름이 작가가 된 후의 삶에 더없는 동기부여를 주고 있는 셈이다. 이름을 바꿀 게 아니라 글을 더 열심히 쓰는 게 일거양득이라는 결론을 얻었으니 이보다 괜찮은 수용은 없지 않을까. '이은정' 중에 가장 빛나는 '이은정'이 되자. 생각을 바꾸면 이렇게 없던 목표가 생기기도 한다. 어떤 생각도 전환할 수 있어야 하는 직업. 작가라는 직업.

  다른 이름은 상상할 수 없는 날이 올 거로 생각한다. "나는 이은정 작가가 좋아."라고 말해주는 사람들이 많아지고, 내가 쓴 글과 내 책들이 내 이름 아니면 어울리지 않을 날이 온다면. 그리고 당신이 나를 다정하게 불러준다면. 어쩌면 나도 나를 사랑하게 될지 모르겠다. 세상에 태어나 가장 먼저 얻은 글자. 이은정. 그리고 이제야 겨우 따라붙는, 긴 세월 너무도 절실했던 호칭. 이은정 작가.

>   잊혀지면 안식이 되고
>
>   마음 끝에 닿으면 등불이 되는
>
>   이 세상 작은 이름 하나를 위해
>
>   내 쌀 씻어 놀 같은 저녁밥 지으며
>
>   _ 이기철 「작은 이름 하나라도」* 부분

잊혀도 좋다. 언젠간 잊히겠지. 잊힌 후에 안식이 된다면 바랄 것이 없겠고, 사는 동안에는 누군가의 마음 끝에서 등불로 살아도 좋겠다. 어차피 그런 삶을 위해 글을 쓰는 건지도 모르니까. 우리는 누군가에게 무엇을

---

* 이기철 시인의 「작은 이름 하나라도」는 시집 『우리 집으로 건너온 장미꽃처럼』 (문학사상. 2021)에 수록된 시입니다. 갓 지은 쌀밥같이 따뜻했습니다.

주고 싶으니까. 각자 자신의 이름과 자신의 목소리로 무엇이든 생산하여 사랑하는 이들에게 주고 싶은 따뜻한 사람들이니까. 안식이 되고 등불이 되는 그런 이름이었으면 좋겠다. 그러니 이 글을 읽는 그대, 그대의 따뜻한 목소리로 내 보잘것없는 이름 좀 불러주시라.

## 11. 비 오는 날의 루틴


비 오는 날에만 섹스하는 부부가 있었다, 로 시작하는 소설을 쓴 적이 있다. 웃기게 쓰거나 적어도 웃프게 쓰려고 시작했는데 슬픈 얘기가 되어버려서 초고에서 끝난 소설이다. 도대체 왜 '비 오는 날에만 섹스하는 부부'의 이야기를 슬프게밖에 쓸 수 없었을까. 심지어 그 부부는 신혼이었고 더욱 기막힌 사실은 실화라는 것이었다.

K 언니가 웃지 않는 나를 웃겨주기 위해 꺼낸 이야기였다. 생각해보니 처음 그 얘기를 들었을 때도 나는 웃지 않았다. 전혀 웃기지 않았다. 웃기기는커녕 슬퍼서 미간이 부풀었다. 부부가 비 오는 날에만 섹스를 하

다니, 너무 슬프잖아. 장마철엔 어쩔 거고 가뭄에는 어쩔 건데. 내 반응이 그 부부의 사연보다 더 웃기다며 배꼽을 잡던 K 언니를 보면서도 나는 웃지 않았다. 어느 지점이 웃긴 걸까. 나는 정말 슬픈데.

사실, 그 부부의 이야기를 들려준 K 언니는 약간 술에 취한 상태였다. 우리는 여러 날을 망치고 있었고 망친 날들을 푸념하기 위해 만난 자리였다. 이런저런 얘기를 하다가 비 내리는 창밖을 바라보던 K 언니가 뜬금없이 그 얘기를 들려준 것이다.

"웃긴 얘기 하나 해줄까?"

나는 별로 기대하지 않았다. 무슨 얘길 들어도 웃기 싫은 날이었다. 그런 날에 듣는 어설픈 개그는 웃기지 않아서 정말이지 분위기가 숙연해지므로 나는 침묵이 좋았다.

"비 오는 날에만 섹스하는 부부가 있었어."

그렇게 서두가 시작되었을 때, 술이 확 깨면서 온몸에 소름이 돋았다. 이토록 매력적인 시작이라면 웃기지 않거나 마침내 숙연해져도 좋을 것 같았다. 그 한 문장만으로 내 머릿속엔 이미 소설적 장치들이 마구 쏟아져나오고 있었다. 제발 완벽한 스토리이길 기대하며 귀를 크게 열고 집중하기 시작했다.

이야기는 간단했다.

단칸방에 사는 신혼부부가 있었다. 단칸방에는 부부만 사는 게 아니었다. 시어머니와 아들, 며느리가 함께 살았다. 시어머니는 비 오는 날만 되면 술을 마셨고, 취했고, 죽은 남편을 그리워하다가 일찌감치 잠들었다. 비가 내리면 며느리는 항상 술상을 차렸고, 아들은 일찍 퇴근했고, 단칸방은 일찌감치 깜깜해졌다. 빗소리와 시어머니의 코 고는 소리. 그리고 신혼의 은밀함. 시어머니에게도 신혼부부에게도 비 내리는 소리가 하나의 루틴이 되었을 것이다. 서로 완전히 다른 방향의 루틴.

너무 슬프고 안타깝다는 내 마음을 전했을 때 껄껄 웃던 K 언니는 놀라운 반전을 선사해주었다. 자신이 그 부부에게서 태어난 막내딸이고 자신에겐 위로 다섯 명의 형제가 있다는.

K 언니의 엄마, 그러니까 이야기 속 인물 중에 며느리가 아직 살아 계시다는 사실을 알게 된 나는 인터뷰를 하고 싶었다. 당사자에게 직접 듣는 '비 오는 날'의 이야기는 막강한 소설이 될 것 같은 예감이었다. 나는 설렌 마음으로 술을 마셨고 그 마음을 들키고 싶지 않았다.

"엄마가 날 못 알아봐."

웃을 일이 아닌데 웃으며 그렇게 말하는 목소리를 듣기 전까지 나는 소설만 생각했고 계속 설레었다. 엄마가 자신을 못 알아본다는 말이 무슨 뜻인지 인지했을 때, 그제야 아차 싶었다. 부끄럽고 미안해져서 위로조차 할 수 없었다. 말없이 술잔을 채워주는 것으로 마음을 전하고 있는 내게 K 언니가 불쑥 치고 들어왔다.

"이 얘기 소설로 써봐. 재밌겠다."

K 언니는 내 문장을 아는 사람이었고 내 글을 좋아하는 사람이었다. 그러니 그 얘기를 아름답게 쓸 수 없다

는 것도 알고 있었을 테고, 어쩌면 그래서 쓰라고 했을 것이다. 처음부터 소설 생각만 하고 있었던 것에 대해서는 끝내 숨기고 돌아왔다. 그래놓고 진짜 소설을 썼다.

초고여서 제목 없이 저장했더니 파일명이 소설 첫 문장으로 나온다. '비 오는 날에만 섹스하는 부부가 있었다'가 의도치 않은 가제가 되었다. 나는 그 소설을 퇴고하지 않을 것이다. 발표도 하지 않을 것이다. 초고 그대로, 어설프고 뜨거운 상태 그대로 간직하려고 한다.

제목도 없고 날 것인 미완성 소설 한 편이 비 오는 날이면 문득 떠오른다. 만져달라고 하는 것 같은데, 나는 너를 차마 만질 수가 없다. 세상에 내보내 달라고 하는 것도 같은데, 나는 너를 자유롭게 해주지도 못할 것 같다. 그 결과 너는 나의 루틴이 되었다. 비 오는 날이면 떠오르는 소설. 아니, 세 사람의 인생.

초고를 완성한 후에 K 언니에게 소설을 썼다고 고백했다. K 언니는 꺄-악 소리를 지르며 빨리 보여달라고 호들갑을 떨었다. 나는 보여줄 수 없다고 말했다. 심

드렁해진 언니가 이유를 물었을 때 나는 에둘러 대답했고 그녀는 그녀답게 바로 이해하고 받아쳤다. 우리가 이런 통화를 한 날에도 비가 내렸다.

"미안하지만 지금은 보여줄 수 없겠어."

"왜?"

"초고에서 끝난 그 소설이 내 루틴이 되었거든. 비 오는 날이면 그 파일을 열어. 유일한 생존자가 유일하게 잊지 않는 시절이 부담이어서 읽기만 하고 파일을 닫아."

"우리 엄마가 돌아가신 후에나 볼 수 있겠구나."

"아마도."

"그날은 비도 와야겠고?"

"금상첨화지."

"고맙다. 은정아."

"뭐가?"

"그거. 웃긴 얘기 소설로 써줘서."

"슬펐다니까."

울음이 전염병처럼 창궐합니다

병을 병의 치료법으로 사용한 니체처럼

슬픔을 슬픔의 치료법으로 사용할 수 있을는지요


암사마귀 교미 후 수컷 씹어 먹듯

암 슬픔이 숫 슬픔 씹어 먹게 두어 볼까요?


당신이 남기고 간 그 아이

슬픔을 들여다봅니다

슬픔이 뒤집기를 합니다

슬픔이 눈을 맞춥니다

칭얼대는 슬픔

슬픔을 안아 젖을 물립니다

슬픔이 제 발로 나를 나서는 날까지

몇 년은 더 키워야겠습니다

떠나려, 떠나보내려

발버둥 치지 말아야겠습니다

_ 허향숙 「슬픔을 키우다」* 전문

* 허향숙 시인의 「슬픔을 키우다」는 시집 『그리움의 총량』 (천년의시작. 2021)에 수록된 시입니다. 슬픔을 대하는 자세를 배웠습니다.

## 12. 오늘의 글은 오늘밖에 쓸 수 없다

작가가 되길 아주 잘했다고 생각할 때가 가끔 있다. 글 쓰는 일이 직업이 되기 전까지는 책임감이나 사명감 따위는 없었기에, 맹목적으로 쓰는 일에만 매달렸다. 지금은 내가 쓴 글에, 내가 쓰게 될 글에 무한한 부담을 느끼고 있다. 내가 쓴 글로 인하여 누군가가 불편하거나 상처받지 않았으면 좋겠다는 마음 때문에 되레 스트레스를 받곤 하지만, 기분 좋은 스트레스다.

세상에는 너무나 다양한 사람들이 살고 있는데 과연 모든 사람이 불편하지 않게끔 쓸 수 있을까, 혹시 나는 비겁한 사람이 아닌가, 간혹 그런 생각도 한다. 소설을 쓰면 쓸수록, 캐릭터를 만들 때나 특정 직업을 입힐 때 신경을 많이 쓰게 되는 이유다. 닥치는 대로 갈겨 쓰던 습작기에는 하지 않았던 고민이기도 하다. 이런 생각들이 깊어질수록 나름 깊이 있는 사람이 되는 것 같아서, 내가 하는 문학 속에 내 인생도 부록처럼 껴 있는 느낌이 들어서, 그때마다 작가가 된 것을 축복한다.

언젠가, 한참 나이 어리고 야무진 동생이 이런 말을 했었다. "답답해 죽겠어. 언니는 착한 거야, 멍청한 거야? 왜 자꾸 좋게만 생각하려는 거야?" 당시 나한테 해를 가한 사람을 향해 그 사람도 알고 보면 불쌍한 인생이라고, 건강한 가정에서 자라지 못해서 그렇다고, 그깟 돈, 이라고 표현했기 때문이었다. 사실, 그렇게 생각하게 된 습관에는 이타심이 아닌 나를 위한 마음이 컸다. 내게 온 나쁜 상황들을 나쁘게만 받아들였던 과거의 나는 분노 속에서 살았고, 분노와 혐오로 점철된 삶에서는 조금도 성장할 수 없었기 때문이다. 다시는 그렇게 살고 싶지 않았다. 과거의 나와 헤어지고 싶었다.

나는 먼 곳에 나를 놓고 왔어

그곳에 올라서서

날 쳐다보고 있는 나를 목격했지


내려가면 끝이지만

내려가지 않기 위해 안간힘을 썼어

이대로 나의 가능성은 끝인 것만 같아

단순하게 인생이 흘러가게 두고 싶지 않아


나는 나에게서 미끄러지기 위해 미끄러지는 걸까

나와 헤어지기 위해 있는 걸까

_ 강윤미 「미끄럼틀」* 부분

---

* 강윤미 시인의 「미끄럼틀」은 시집 『이상형과 이상향』 (나무와숲. 2021)에 수록된 시입니다. 이 시집에는 시인의 남편이자 동료인 김정배 작가의 그림도 실려 있어 읽는 맛과 보는 맛이 쏠쏠합니다.

작가가 되고 난 후 가장 큰 변화를 꼽는다면 좋은 사람이 되려고 노력한다는 것이다. 좋은 사람이 되어야 진심으로 공감하고 위로하는 글을 쓸 수 있을 거라고 생각했다. 어느 글에선가 사람을 살리는 글을 쓰고 싶다고 말한 적 있는데, 바로 그 이유에서 비롯되었다. 문학과 글쓰기를 통해 내가 다른 인생을 살게 되었듯이, 나도 누군가를 살리는 글을 쓰고 싶어서, 살리지 못한다면 위로라도 하고 싶어서, 내 주제에 그럴 수 있을 것도 같아서. 이게 무리한 목표일지도 모르고 대단한 자만일지도 모르겠다. 그렇지만, 그럴지언정, 단 한 사람이라도 위로하고 싶은 마음을 안고 글을 쓴다. 문학에 빚진 자의 중도 상환이랄까.

소설을 쓰면서 간접적이나마 여러 인생을 살아보았더니 공감은 못 해도 이해할 수 있게 된 타인이 늘어났다. 수필을 쓰면서 내 도량의 깊이를 깨닫거나 지난 과오를 고백하며 나를 마주 보는 일이 많아졌다. 몇 년의 세월을 그렇게 보냈더니 나를 지배했던 분노가 사라지기 시작했다. 사람이 바뀌면 인생이 변하는 건 당연한 결과였다. 좋은 사람으로 살고 싶다는 생각을 하게 되었다. 내 글을 좋아해 주거나 내 삶을 응원해주는 사람이 늘어날수록 좋은 사람이 되고 싶다는 마음에 탄력을 받았다. 삶에 욕심이 날수록, 살고 싶어질수록, 좋은 사람이 되고 싶었다.

좋은 사람 운운하던 내게 그렇게 살면 이용당하기에 십상이라고 우려하는 사람도 있었다. 그러나 내가 잘 웃고 명랑하게 굴어도 사람들은 나를 만만하게 보지 않는다. 공사 구분을 잘하는 성격 탓인가 했는데, 내가 뿜는 분위기가 만만치 않다고들 말한다. 무슨 분위기인지는 모르겠지만, 얼핏, 추측해 보았다. 가슴에 칼을 품고 살았던 예전의 모습이 남아 있기 때문일 거라고. 그게 완전히 없어지지는 않을 것이다. 다행이다. 누가 함부로 넘보거나 무너뜨리지 못할 단단한 집을 지을 수 있을 거라고 믿는다. 사랑하는 사람들이 상처받거나 생에 쫓길 때, 지켜줄 수 있는 집이었으면 좋겠다.

더불어 그 안에서 내 삶도 평온하기를.

 부랑아처럼 살았던 시절도, 괴물이 되어 포효하던 시절도, 자살만이 나를 구원해 줄 거로 생각했던 시절도 이제는 원망하지 않는다. 그 시절의 나로서는 살려는 방법이었을 것이다. 앞으로 계속 글을 쓰게 된다면, 언젠가는 모든 시절의 나를 사랑하게 될지도 모르겠다. 아직은 아닌 걸 알지만 천천히 내게 다가가는 중이다. 타인에게도 먼저 다가서려는 노력을 하고 있다. 좋은 사람이라면 이제는 놓치고 싶지 않다. 당신도 나를 놓치지 마시라.

 최근에 한층 더 용기 있는 사람이 된 느낌을 받았다. 자살 낌새가 보이는 사람을 무려 두 명이나 친구로 만들었다. 위태로운 사람을 알아보는 촉이 예민할 수밖에 없었다. 감사한 일이다. 세상 모든 일에 겁쟁이가 되어도 사람을 사랑하는 일에는 비겁해지지 말아야지, 내 노력으로 살릴 수 있는 사람이 있다면 안간힘을 다해 살려야지, 그런 마음으로 가득한 지금. 어느 시절보다 충만한 하루를 엮고 있다. 내가 이렇게 변한 게 놀라울 뿐이다. 이럴 줄 알았으면 좀 더 치열하게 써서 빨리 작가가 될 걸 그랬다.

읽고 쓸 수 있다는 건 아마도 인류 최고의 선물인 것 같다. 타인뿐만 아니라 자신도 이해하게 되고 용서하게 되고 거의 모든 인생을 사랑하게 만들 수 있는 기적 같은 행위다. 안 할 이유가 없고 못 할 이유도 없다. 그렇다면 머뭇거리지 말고 당장 써야지. '오늘의 글은 오늘밖에 쓸 수 없다'라는 게 그간 글 쓰는 일을 업으로 삼아 온 무명작가 나부랭이의 생각이다. 나름 띵언이라고 믿고 있다. 인생이 힘들다면, 죽음이 유혹한다면, 당장 글을 써야 한다. 어떤 기적이 일어날지는 아무도 모른다.

무명작가의 고백

# 2부. 나약한 인간의 고백

흐느낌과 어깨의 떨림을 돋보기처럼 볼록하게 터질 듯 위험수위를 견디는 눈물은,

서툰 방향 사이에서 끊임없이 점멸하는 신호등을 건너 마침내 굳게 선 결심을 따라가는 눈물은,

좋은데이를 몇 번이나 지나야 쓸쓸한 위장을 모두 속일 수 있는지

내게 주어진 슬픔만큼만 탕진하고 나면 까마득하게 사라지는지 명랑하게 잊히는지

알 수 없다 그러나,

온 힘을 들여 밀어내는데도 계속해서 또 다른 감정

이 생겨나는 표정 속에 뒤섞이고 마는 이 완벽한 한 방울의 통증,

아, 무섭도록 일반적이다

_ 이기영 「아날로그는 슬픔의 방식을 눈물로 바꾸는 거예요」* 전문

* 이기영 시인의 「아날로그는 슬픔의 방식을 눈물로 바꾸는 거예요」는 시집 『나는 어제처럼 말하고 너는 내일처럼 묻지』(걷는사람, 2020)에 수록된 시입니다. '무섭도록' 제 자신이 보였던 시입니다.

## 13. 한때 나의 친구였던 소녀들아

 다재다능하고 명랑하고 예쁘장한 소녀가 있었다. 소녀의 주위에는 늘 친구들이 많았고 덕분에 우정에는 배고프지 않았던 유년기를 보냈다. 사실, 말하고자 하는 감정이 충만했던 시절에 대해선 특별한 얘기가 없다. 뭉뚱그려진 눈부심으로 가득하기 때문이다. 그래서 소녀는 다음 문단에서 급하게 청소년이 된다.
 몸도 마음도 건강하게 자라 중학생이 된 소녀는 초경을 했고 그 무렵 아버지 하던 일이 망했다. 소녀는 모든 게 부끄러웠다. 생리를 시작한 것도 아버지가 망한 것도 다 비밀로 하고 싶었다. 소녀는 친구들을 멀리하기 시작했다. 정확하게 말하면 존재하는 모든 것들이 싫었다. 소녀는 자발적으로 혼자가 되어 갔다.

반항과 혐오를 즐기면서 불면과 우울이 찾아왔고 자해와 자살 충동으로 이어졌다. 그런 소녀를 반긴 무리도 있었다. 비행 집단이었다. 소녀는 잠시 그들과 어울리기도 했으나 다시 혼자를 택했다. 그들이 저지르는 유치한 비행들이 소녀의 성에 차지 않았던 것이다. 어설프게 타락하고 싶지는 않았다.

구름은 처음부터 비와 눈과 우박을

따로 품고 있었을까

출생의 근원이 다른 것이었을까


머리 반쪽을 밀어버린 14살은

담배꽁초를 씹던 입으로 툭 뱉었다

"씨발, 신경 꺼요, 랩퍼가 될 거예요"

튕겨 나가는 14살의 어둠은 얕지 않다

아무도 지켜보지 않은 어둠은

스스로 깊어졌다


펄떡이는 생선을 앞에 두고

새하얀 솜털 구름처럼 양손을 바르르 떨며

하염없이 이슬만 떨구던 얼굴 뽀얀 어미는

14살의 어둠이 깊어지는 사이

살아 있는 생선을 도마질하는 박자가

눈감고도 랩퍼를 넘어섰다


어둠은 우박을 품고 있었다

14살이 랩을 뱉을 때마다

우박은 단단해졌다


어떤 어둠은

얼음에 새겨진 물결과 같이

굳어가는 중에도 집요하게 흐르려 한다

"아오, 빡쳐! 랩퍼가 될 거라구요!"

튕겨 나가는 14살의 어둠에

물결무늬가 있다

_ 천세진 「14살 랩퍼 - 불경不敬의 스타」* 전문

여고는 여중과 확연히 달랐다. 다들 아침부터 밤까지 로봇처럼 문제집만 풀었고 나는 로봇이 되기 싫어서 시를 외웠다. 그 시절에는 소속된 친구 무리가 중요했는데, 마침 도시락을 같이 먹게 된 친구들이 생겼다. 모두 학교에서 알아주는 미모의 친구들이었다. 지금 생각해보면 그들과 친구가 되었다기보다는 무리에 낄 수 있는 자격을 얻은 거였고 나는 융화되지 못했다. 고3 수험생이 된 소녀는 다시 혼자가 되었고 아침부터 밤까지

---

* 천세진 시인의 「14살 랩퍼 - 불경不敬의 스타」는 시집 『순간의 젤리』 (천년의시작. 2016)에 수록된 시입니다. 열네 살을 호되게 보낸 저는 이 시를 사랑합니다.

로봇처럼 문제집만 풀었다. 아무렇지 않게 혼자 밥을 먹었고 혼자 등하교를 했다. 이따금 다가오는 친구들에게 마음을 열지 않았다. 자의적 왕따, 타의적 은따 정도로 그 시절을 마감했고 소녀는 대학생이 되었다.

신기한 일이 벌어졌다. 대학생이 되니 다시 발랄해지기 시작했다. 스스럼없이 친구들을 사귀었고 다시 친구들이 넘쳐났다. 일주일이 부족했다. 한동안 부재했던 친구라는 대상과 밤낮없이 우정을 쌓았다. 가족보다 친구가 소중했고 사랑보다 우정이 중요했기에 할 수 있는 모든 의리를 장착했고 줄 수 있는 모든 걸 주었다. 머지않은 미래에 겪을 배신을 의심할 겨를이 없었다. 다시 소녀가 된 것 같았고 마지막 학창 시절에 사귄 친구들을 놓치고 싶지 않았다. 뒤통수에 멍이 들고 나서야 깨달았다. 친구란 그저 매 시절 유행했던 대중가요 같은 거라는 사실을. 유행할 때는 질리도록 듣고 흥얼거리고 떼 지어 부르다가도 유행이 바뀌면 시들어버리는 그런. 오래 들은 카세트테이프처럼 느슨해지는 그런. 세월이 흐른 후에 소주 한잔 들어가면 이따금 생각나는 게 전부인 그런.

우리 우정 영원하자고 혈서까지 쓰며 맹세했던 유치한 기억들이 몽상이 아닐까 의심될 정도로 모두 사라졌다. 우리 엄마 밥을 나보다 많이 먹고 다녔던 친구도, 가족의 아픈 비밀을 공유했던 친구도, 나한테 돈을 꾸러 오던 친구도, 생애 첫 여행을 함께 했던 친구도, 연기처럼 날아갔다. 내가 버린 건지 버림받은 건지 모르겠다. 떠난 쪽인지 남겨진 쪽인지 알 수 없다. 안녕이라는 말을 언급하지도 않았고 서로 적이 되지도 않았는데 당연하다는 듯 서서히 잊혔다.

어디 학창 시절 친구만 친구일까 싶기도 하겠지만 오래 묵은 된장 같은 친구가 없다는 게 신나는 일은 아니다. 가끔 궁금하고 더 가끔 그리운 나의 소녀들. 세상에는 숱한 우연이 있으니 언젠가 다시 만날지도 모르겠다. 애쓰지 않아도 흐르는 세월처럼 예정되지 않은 만남. 뜻밖의 재회. 그런 일이 우리에게도 일어날까?

만나게 된다면 반갑게 인사하고 서로의 안부부터 묻겠지. "어머, 야! 어떻게 지냈어?" 순진하거나 어리석었던 그 시절의 너와 나를 잠깐 회상할지도 몰라. "그땐 너무 어렸어. 그치?" 의미 없는 말을 주고받으며 헤어지겠지. "언제 밥 한번 먹자." 너도나도 인파에 휩쓸려 다시 멀어질 테고 일상의 고단함이 굴러오면 또 잊히겠지. 필터 속 찌꺼기처럼 삶의 무언가를 버려야 할 때가 되어야 뜬금없이 떠오르겠지.

괜찮아. 사는 게 다 그래. 우린 열심히 살고 있을 뿐.

    또 한 잔을 부어넣는다
    술은 혀와 입안과 목젖을 어루만지며
    몸 안의 제 길을 따라 흘러간다
    저도 이젠 옛날의
    순진하던 저가 아니라고 말하는 듯하다

뜨겁고 쓰다

_ 김사인 「섣달그믐」* 부분

　서로를 잊고 어디서 무얼 하며 살아가든 한때 내 친구였고 때론 내 슬픔이었던 소녀들아, 나보다는 행복해라. 내가 만져보지 못한 유아차도 끌어보고, 내가 가져보지 못한 행복한 가정 안에서 평화롭길 바란다. 지긋지긋한 가난에 찌들지도 말고, 예고 없이 가족을 잃지도 말고, 밥 먹는 시간이 외롭지도 않길 바란다. 정말 우연히 다시 만나게 된다면 옛 친구와의 악수나 포옹이 버겁지 않을 만큼 별일 없이 늙었으면 좋겠다. 누가 먼저 떠났건 누가 먼저 잊었건 그건 그 시절의 사정일 테고, 부디 서로의 부고로 만나지는 말자. 언제든 파전에 막걸리는 내가 살 테니, 너희는 한잔 술 받아마실 멀쩡한 간만 챙겨 오너라.

* 김사인 시인의 「섣달그믐」은 시집 『가만히 좋아하는』(창비. 2006)에 수록된 시입니다. 이 시가 와닿았을 때, 제가 적당히 나이 들었다는 걸 인정했습니다.

## 14. 서로의 눈물 나는 맛에 대하여

 48년 전의 겨울을 엄마는 기억하고 있었다. 가난한 농가에서 태어난 엄마가 부잣집으로 시집간다는 허울만 듣고 다들 부러워했다고 한다. 이제 갓 스무 살을 앞둔 여자에게는 호된 시집살이가 기다리고 있었다. 좋은 음식, 귀한 과일들이 넘쳐나도 어린 며느리에게 돌아오는 건 없었다. 소문난 재력가로 가뜩이나 기세등등했던 할머니는 아들만 줄줄이 다섯을 낳아 세상 무서운 게 없는 노인으로 늙어갔다. 여간 욕심쟁이가 아니었고 사납기도 하여서 어린 엄마는 언니를 임신한 와중에도 음식을 함부로 입에 넣지 못했다고 한다.

 어느 겨울, 할머니가 출타한 틈을 타서 엄마는 결심

했다. 눈앞에 아른거려서 참을 수 없었던 찹쌀떡. 그걸 사기 위해 제과점으로 향하던 발걸음은 긴장 속에 삐그덕거렸다. 아무런 힘이 없었던 할아버지도 할머니 눈치를 보며 살았던 상황에서 다행히 입맛 궁합이 맞았던 시아버지와 어린 며느리가 모의한 날이었다. 엄마는 몰래 사다 먹은 그 찹쌀떡 맛이 지금도 기억난다고 했다. 너무 맛있어서 눈물이 날 지경이었다고.

그런 맛이란 어떤 걸까, 가만히 생각해 보았다. 추위도 뚫고 무서운 시어머니도 뚫어가며 기필코 먹고 싶었던 음식. 그 음식이 목구멍에 넘어갈 때 느껴지는 맛. 눈물 나는 맛이란 도대체 어떤 걸까. 요즘 시대에 그렇게까지 힘들게 먹어야 하는 음식이 있을까 싶겠지만, 생각해 보니 나에게도 있었다. 심지어 오래된 일도 아니다.

생애 처음으로 가난과 싸우기 시작한 몇 해 전, 쌀만 있어도 감사한 날들을 지속하고 있었다. 공모전이 몰려 있는 겨울에 밤을 새우며 주야장천 소설을 썼다. 생을 아무리 더듬어 보아도 내게 남은 희망은 소설밖에 없는 것 같았다. 보장되지 않은 꿈을 꾸며 긴 겨울밤을 뜬눈으로 보내면서 살이 많이 빠졌다. 처음에는 글 쓰느라 피곤해서 그럴 거라고 생각했는데, 알고 보니 못 먹어서 빠진 살이었다. 빈혈이 와서 걸핏하면 주저앉았고, 뼈에도 이상이 생겼다. 그럴수록, 자꾸 몸이 아플수록 더 열심히 소설을 썼다.

그날에도 종일 소설을 쓰고 있었는데, 새벽이 되자 출출해졌다. 평소 배고픔을 딱히 고통스럽게 여긴 적이 없었고 음식에 욕심 또한 없는 사람이라 커피 믹스만 연거푸 마시며 속을 달랬다. 그런데 출출하다는 생각이 멈추지 않았다. 배가 고프면 밥을 먹을 텐데, 배고픔과는 다른 출출함이 사람을 곤란하게 만드는 거였다.

출출한 머릿속에 떠오른 음식은 뜬금없게도 매운 떡볶이였다. 한겨울, 새벽, 시골, 매운 떡볶이라니. 더욱 난감한 건 마트나 편의점에서 파는 것 말고 시장 분식점에서 파는 그것을 먹고 싶은 거였다. 학창 시절에도 그렇게까지 즐겨 먹지 않았던 분식에 꽂힌 그날이 왜 그토록 서러웠냐면, 돈이 없어서 그랬다. 나는 정말 돈이 없었다.

그래서 새벽에 떠오른 게 감사했다. 어차피 낮에 생각났어도 돈이 없어서 사 먹을 수 없었을 테니, 새벽이라는 핑계라도 댈 수 있게 해주어서 고마웠고, 그게 고맙다는 생각을 하자 끝내 눈물이 났다. 통장에는 일 원 단위만 남아 있었고, 돼지저금통은 배가 쩍 벌어진 지 오래였다. 아무에게도 도움을 청하기 싫었던 자존심이 떡볶이에 꽂혀 그날 밤 그냥 무너져내렸다.

금전의 여유를 조금씩 찾고 난 후, 나는 제일 먼저 시장 분식점으로 향했다. 떡볶이와 어묵, 내친김에 튀김 종류까지 한 보따리 포장해서 집으로 왔다. 결신 든 사람처럼 먹고는 다 토했다. 평소 음식을 많이 먹지 않아서 과식하면 소화를 못 시키곤 했다. 그런데 토하고 먹고 토하고 또 먹었다. 한 맺힌 사람처럼 꾸역꾸역 계속 먹었다. 심지어 그 짓을 며칠 반복하기도 했다.

눈물 나는 맛이라는 건 어쩌면 음식의 고유한 맛 자체를 두고 하는 말이 아닌 것 같다. 누군가에게는 하잘것없는 간식이겠지만, 누군가는 위생을 따지며 시장에서 음식을 사 먹지 않는다고 하지만, 세상 어딘가에는 커피 한 잔 값도 되지 않는 길거리 음식을 못 먹어서 눈물 나는 사람도 있다. 나는 그걸 떡볶이를 통해 경험했으나 그 얘기는 누구에게도 하지 않았다. 아주 가끔 시장에 가면 떡볶이를 먹는다. 그날을 잊지 않기 위해서. 그런 사람들을 잊지 않기 위해서.

날은 춥고 속은 허하여 입맛이 도는 계절, 겨울. 군고구마나 찹쌀떡 장수는 거의 전멸하였고, 그나마 가끔 보이는 황금 붕어빵도 말 그대로 황금값이라, 겨울철 서민들의 간식이라 할 만한 것들이 점점 사라지고 있다. 도대체 사람들은 무얼 먹으며 출출함을 달래는지 궁금해져서 엄마한테 물어본 상황이었는데, 엄마가 찹쌀떡 얘기를 꺼낸 것이다. 눈물 나는 맛이었다는 말과 함께 따라온 덧말이 마음을 쿵 쓸고 지나갔다.

"딸아, 아무도 몰랐고 아무도 안 사 줬지만, 엄마는 찹쌀떡을 좋아해."

나는 그해 겨울 엄마가 먹은 찹쌀떡에 대해서 몰랐고, 엄마는 그해 겨울 내가 먹고 싶었던 떡볶이에 대해서 몰랐다. 외할머니도 엄마가 48년 동안 기억하게 될 그 겨울의 찹쌀떡에 대해서 몰랐을 것이다. 하루가 멀게 울면서도 잘 먹고 잘 지낸다는 말만 해야 할 정도로 서로에게 걱정을 지우고 싶지 않은 사이, 엄마와 딸. 이제는 같이 늙어가는 마당에 서로의 눈물 나는 맛에 대해 한풀이하듯 주고받으며 비밀들을 털어놓는다. 모처럼 모녀의 웃음소리가 왁자한 겨울밤이었다.

*어쩌다 우리의 추억엔 그 흔한 호떡 하나 들어 앉을 시간이 없었다.*

*하얀 입김이 서로의 온기를 끌어당기는 밤 길*

거리 빠알간 포장마차 앞에서 호떡 하나의 우울과 마주한다. 펄펄 끓는 설탕에 입을 데이듯 불필요한 온도에 마음을 데이고 이스트라는 집착을 들이부어 퉁퉁 부풀기만 했던 그때의 무지. 능숙하게 반죽을 만지는 중년의 여주인은 호떡만큼 사랑도 잘 빚을까? 뒤집어 달라 뜨겁다 몸부림치는 호떡이, 얼음을 뚝뚝 떨구며 섰는 허기에 찬 연인들의 냉랭한 눈빛만큼 그저 애처롭기만 하다.

겨울바람이 휑한 자리
뜨거운 불판 위로 희미한 얼굴 하나가 납작납작 우울한 시간을 뒤집고 있다.

_ 이선정 「호떡집 앞에서」* 전문

* 이선정 시인의 「호떡집 앞에서」는 시집 『치킨의 마지막 설법』(시산맥. 2020)에 수록된 시입니다. 시인은 호떡집 앞에서도 시를 쓰고, 호떡집 앞에서 기다려 본 저는 이 시를 좋아하게 됩니다.

나약한 인간의 고백

## 15. 아이고아이고


 산마을에는 생의 축복과 멸의 참화가 계절처럼 순환한다. 열매 떨어지듯 툭, 마지막 애소도 없이 순식간에 사라지는 죽음을 나는 종종 목격하고, 그때마다 차오르는 한숨을 숲에 토하곤 한다. 이름 모를 작은 새의 추락, 먹이를 찾아 어슬렁거렸을 길고양이의 사체, 모가지가 비틀린 새끼 고라니, 전문 포수들이 사냥한 멧돼지, 본가에 홀로 방치되어 고독사한 노인들의 죽음까지 모두 지척에서 벌어지는 죽음이었다. 생명이 나고 죽는 건 마땅한 이치지만, 당연하다고 해서 익숙해지는 건 아닌 것 같다. 그것은 언제나 섧고 비통한 장면이다. 나는 무지몽매하여 죽음까지도 직접 보고 만지고 호되게 아픈 후에야 겨우 삶을 배우는 사람이다.

절명 앞에는 탄식과 곡哭이 따라온다. 그것이 본능임을 느끼게 된 계기는 가파른 숲길에서 야생 고라니 사체를 발견했던 날이었다. 경험칙으로 그리 나이 많은 고라니는 아니었다. 심지어 고개가 뒤로 완전히 꺾인 상태였다. 자연사는 아닌 듯하고 포식자에게 죽임을 당한 모양이었다. 그 죽음을 본 순간 내 입에서 나온 말. "아이고아이고, 가여워 어쩌나. 이 예쁜 계절에." 예측하지 못한 장면이었고 준비되지 않은 말이었다. 그때 깨달았다. 죽음 앞에서는 결코 초연할 수 없는 인간의 외침이 바로 그 단어에 응축되어 있다는 것을.

언니의 장례식에서 처음으로 곡하는 사람들을 만났다. 눈물을 입으로 쏟아내는 사람들이었다. 충격과 슬픔이 애도에 이르지 못한 상태였던 나는 그들의 입에서 나오는 통곡의 소리가 몹시 가식적으로 들렸다. 내 언니의 죽음을 고스란히 인정하고 만천하에 알리려는 수작으로 보였다. 아무것도 받아들이지 못하고 있는 유가족들을 향하여 각자의 비통한 마음을 굳이 소리로 전하는, 리듬까지 타고 있는 그들의 입을 틀어막고 싶었다.

눈물은 나되 입은 열리지 않았던 나와 달리 엄마는 모든 세포가 발기하여 진군하는 듯한 소리를 내며 울었다. 땅을 치며 울었다. 까무러쳤다가 다시 정신을 차리면 또 땅을 쳤다. 혈육의 장례를 처음 친 나는 부모에 형제에 이제는 자식까지 먼저 보낸 엄마가 무서웠다. 사흘 내내 엄마의 입에서는 '아이고아이고'가 되풀이되었다. 그런 엄마가 한순간 멀쩡해질 때가 있었다. 울다가 경기를 일으킨 막내를 붙잡고 성한 목소리로 엄마는 말했다. "울어. 울어야 해. 소리 내서 울어." 엄마는 보내는 방법과 살아남는 법을 알고 있는 사람 같았다.

형체 없이 뼛가루만 남은 언니를 홀로 남겨두고 오던 날, 산마을에는 비가 내렸다. 언니가 즐겨 입던 옷가지를 건네며 태워달라던 엄마의 부탁을 뿌리치지 못했다. 드럼통에 언니 옷을 넣고 불을 붙였다. 며칠 동안 이어졌던 비 때문에 세상은 온통 습을 머금고 있었던 터라 불이 잘 붙지 않았다. 나뭇가지와 신문지로 불쏘시개를 만들어 넣어도 도무지 불이 붙지 않았다. 그제야 비로소 내 입에서 곡이 터졌다. "아이고아이고. 불쌍한 우리 언니. 그렇게 가기 싫은 길 왜 갔어." 입이 트이자 거짓말처럼 옷에 불이 붙었다.

딸을 보낸 어미는 이태가 지나도록 먼저 간 자식의 영정을 품고 곡을 한다. 엄마의 울음을 막을 이유도 도리도 없지만, 엄마가 살기 위해 하는 행위라는 걸 알고 나서는 엄마가 우는 것이 오히려 다행으로 여겨졌다. 가끔은 나도 엄마처럼 비통한 밤을 보내곤 한다. 살아남아 꾸역꾸역 삶을 이어가는 유가족들은 자신에게만 끈질긴 명줄을 원망하며 운다. 우는 것마저 미안해서 운다. 울어야 겨우 살아진다.

장례식에 와서 노래하듯 곡하던 조문객들은 그날의 기억을 새까맣게 잊은 채 엄마의 곡마저 끊으려 든다.

그들에게는 수많은 죽음 중 하나일 뿐이었다. 내가 고라니의 사체를 발견하면서 '아이고아이고' 했던 것과 같으리라. "이제 좀 그만해. 잊고 살아야지. 부모 앞에 간 자식. 산 사람은 살아져." 딸을 보낸 엄마가 자주 들은 말이었다. 그런 말을 들은 날이면 방에 틀어박혀 곡이 문밖으로 새어 나가지 않도록 울고 있을 엄마가 떠올랐다. 무엇으로 그 입을 막으랴. 자식 먼저 보낸 어미가 무슨 수로 울음을 그칠 수 있을 것인가.

> 잊지 못해서 설움이지는 않다
> 잊어야 하는 것을 잊지 않으려 해서 설움이다
> 사랑하지 못해서 괴로움이진 않다
> 사랑하는 걸 사랑하지 않으려 해서 괴로움이다
> 살아가는 길에 다가오는 것들을

\* 송영신 시인의 「무엇으로 사는 것일까」는 시집 「늘 그리워하고 살아」(도훈. 2019)에 수록된 시입니다. 발췌한 부분이 너무나 강렬해서 잊혀지지 않았습니다.

선뜻 받아들이지 못하는 아픔이 설움이고 괴로움이다

나는, 그대는

무엇으로 사는 것일까

_ 송영신 「무엇으로 사는 것일까」* 부분

'아이고아이고'는 잇따라 곡하는 소리를 이르는 우리말. 꽃상여를 둘러메고 "이제 가면 언제 오나" 하고 선창하던 상엿소리에, 받는 소리로 냈던 놀랍도록 구슬픈 우리말. 세상 어느 나라 말로도 비통함과 애도를 그와 같이 깊게 표현할 수 없는 아픈 우리말. 혼자 선창하는 소리와 달리 여럿이 받는 소리로 쓰였던, 아무 의미 없는 것 같지만 다 같이 아파하고 위로하는 뜻이 담긴 따뜻한 우리말. 이제는 사무치게 시린 그 말을 나는 에두르지 않고 할 수 있게 되었다.

사랑하는 사람을 잃고 나서야 가까스로 삶에 진심

이 되고 죽음에 초연해지는 건지도 모르겠다. 가슴을 찢어가며 울고 긴 고통을 견디어야 비로소 무지無知의 지知를 얻게 되는 과정, 그것이 인생이라면 너무 가혹한 게 아닐까. 그러나 살면서 치르는 값이 제아무리 비싸다 한들 태어난 값에 비할 수는 없을 것이다. 앞으로 '아이고아이고'를 얼마나 쏟아내며 살게 될지는 모르겠지만, 그 말을 뱉는 모든 순간이 진심이기를, 진심으로 애도할 줄 아는 사람으로 살았으면 좋겠다. 살아남은 자의 과업이랄 게 달리 뭐가 있을까.

> 어느 인연 아래서건 다시 만난다면
> 그때는 우선 영혼끼리 인사를 나누고
> 내 숨소리가 편하게 당신께 가는지,
> 당신의 체온이 긴 다리를 건너
> 내게 쉽게 오는지도 지켜보아야겠지.

그럼 잘 가요.

가는 여정이 아무리 힘들어도

부디 아무 상처받지 않기를,

모쪼록 돌아가는 당신의 길이

늘 빛나고 정갈하기를……

_ 마종기 「이별하는 새」* 부분

---

* 마종기 시인의 「이별하는 새」는 시집 『천사의 탄식』(문학과지성사. 2020)에 수록된 시입니다. 시를 읽고 통곡을 하기는 처음이었습니다.

## 16. 내 인생은 점심시간

학원에서 초등학생들을 맡았던 때가 가장 힘들었지만 가장 많은 걸 얻은 시기였다. 아이들은 정말 신비로운 존재였다. 아이들의 진실한 표정과 다양한 언어, 타인의 냉소도 웃으며 넘길 수 있는 천진함. 그것은 힘들고 외로웠던 유년기의 빈칸을 경험하게 해 주었다. 울고 있는 사람에게 왜 우냐고 무람없이 물을 줄 알고, 잘못한 사람에게 네가 잘못했다고 용기 있게 말하는 힘. 아직은 부끄러울 것 없다는 듯 먼지 없이 펄럭이는 아이들의 몸짓에서 내가 갖고 싶었던, 그러나 갖지 못한 채 지나버린 아침을 보았다.

십 년 넘게 작은 마을에서 노인들과 부대끼며 살다

보니 아이들한테 얻었던 것과는 다른 것을 얻었다. 살면서 닥칠 수 있는 어떠한 고민 앞에서도 무심히 툭, 정답 같은 농담을 던지는 노인들의 입담. 죽음을 두려워하지 않거나 받아들일 준비가 되어 있는 사람의 완전한 안락 같은 것들. 계절의 변화를 바라보는 노인들의 깊은 눈빛과 지팡이를 짚는 검버섯 가득한 손등에서 나는 나의 저녁을 미리 보았다.

가지지 못했던 예쁜 아침을 보았고 아직 오지 않은 여유로운 저녁을 만난 나는 그 중간 어딘가에 있다. 내가 쥐고 태어난 명줄의 절반쯤 살았다고 가정했을 때, 절반씩이나 살아오는 동안 얼마나 많은 날을 쓸데없음과 함께 했을까 곰곰 곱씹어보았다. 곱씹힌 기억들을 하나하나 나열했다가, 서둘러 지워버렸다. 살면서 내가 저지른 쓸데없는 말이나 행동은…, (실제로는 넘치고 넘쳐서 취합하기도 힘들지만) 없다고 생각하기로 했다. 지금의 나를 만드는 데 밑거름이 되지 않은 순간은 없다는 걸 알고 있기에, 모든 멍청했던 나도, 모든 아팠던 나도, 이제는 소중한 나만의 역사가 되었다. 무언가를 떠올린다는 것은 내 것이라 한들 백 퍼센트 믿을 것이 못 되고 특정한 기억에 대한 감정은 얼마든지 변할 수 있으므로, 단정하는 순간 그런 과거로 남기 마련이다. 내 인생은 이제 겨우 점심시간인데, 쓸데없는 회상으로 채우기엔 햇살이 너무 뜨겁다.

늦잠을 자고 일어난 듯 오후가 되어서야 공부라는 걸 시작했다. 과목은 부끄럽지만, '나.' 노곤한 점심시간에 무언가를 배우는 건, 심지어 나를 배우는 건 힘들고 지루하다. 어쩌면 영원히 답을 알 수 없을지도 모른다. 체할 것 같이 허겁지겁 책을 읽어대고 개떡 같은 글이나마 꾸준히 쓰는 이유도 알고 보면 나를 공부하는 과정일지도 모르겠다. 책을 읽으면서 어떤 나를 발견하고 글을 쓰면서 몰랐던 나를 느끼기도 한다. 수업료를 인생 통째로 납부해도 수료할까 말까 한 이 공부를 나는 고집스럽게 할 모양이다. 내게 문외한이었던 세월이 아까워서, 내가 나를 공부해야 하는 건지 몰랐던 사실이

민망해서, 더는 쓸모없는 인생을 살고 싶지 않아서.

　이 세상에서 나를 온전히 이해해 줄 사람 하나쯤은 있어야 하지 않겠나. 변명이나 해명을 하지 않아도 내 편인 사람 하나쯤은 필요하지 않겠나. 오직 나만을 위해 웃어주고 나만을 위해 울어주는 그런 사람 하나쯤 있으면 황홀하지 않겠나. 손만 뻗으면 나타나는 든든한 나의 조력자. 그러니까 그 사람이 나였으면 좋겠다는 말인데, 실제로 이런 얘기를 했을 때 농담처럼 듣는 사람들이 대부분이었다. 그렇게 들릴 수도 있겠지만 정말 자기를 공부해야 하는 사람도 있다. 나처럼 자신을 이해하지 못한 채 방치한 세월이 너무 오래된 사람이라면, 자신을 사랑해야 하는 건 알겠는데 사랑하는 법을 몰라서 우물쭈물해 본 적 있는 사람이라면 꼭 필요한 공부가 아닐까 싶다. 이제 겨우 연필을 들었다. 끈질긴 나는 그 연필을 놓지 않을 게 분명하다.

　내 인생은 이제 겨우 점심시간이다.

나는 편의점 김밥으로 점심을 때우지도, 물에 만 밥을 후루룩 마시지도 않을 생각이다. 오직 나를 위해 신선한 생선을 굽고 유기농 나물을 무칠 것이다. 잘 익은 김치를 예쁜 접시에 덜어놓고 쓰지 않던 수저 받침대도 놓아야지. 구수한 숭늉까지 먹을 수 있다면 좋겠다. 가지런한 밥상 앞에 앉아 내게 감사하는, 마침내 아름다울 식사를 하고 싶다. 나는 지금부터 아주 길고 근사한 점심을 먹을 계획이다. 인생 후반전은 단 한 순간도 쓸데없는 장면을 만들지 않기 위해서, 든든히.

가라앉던 어둠의 질량과

몇 끼의 권태와 시름을 섞어 밥을 짓는다

늘 눈금에 맞추어야 하는 조급함과

간간이 절여지던 눈물도 함께 넣는다

너무 되지도 않게 너무 질지도 않게

## 나약한 인간의 고백

가슴과 가슴을 포개고

가라앉는 것들과 부유하는 것들이

서로의 상처를 보듬으며 익어간다


습관처럼 타이머를 맞추며

무디어져 가는 우리

우리의 거리는 어디쯤일까

마음의 눈금 한번 재어 볼까


새어 나가는 틈에는 안전밸브를 하고,

제 속을 다 끓여내 한솥밥을 밥을 짓듯이

온전한 밥 한 그릇이 되기 위해

둥글고 모난 세월 훌훌 섞어 볼까


모서리가 닳아 둥글어진 밥상에 앉아

냉랭한 오늘을 비워내고

서로를 차지게 끌어안으며

경건한 밥뚜껑 위에 손을 올린다


허기를 뜨겁게 채우며

눈물 반짝이는 밥을 먹는다


_ 정영미 「밥에도 표정이 있다」* 전문

* 정영미 시인의 「밥에도 표정이 있다」는 시집 『밥에도 표정이 있다』(미내르바. 2020)에 수록된 시입니다. 밥이 밥이 되고, 우리가 우리가 되는 과정을 떠올리곤 했습니다.

나약한 인간의 고백

## 17. 우리는 큐피드를 만나야 한다

그해 겨울, 나는 거의 혼자였다. '거의'라고 말하는 이유는 당시 남자 친구와 이제 막 헤어졌고 이제 막 헤어진 연인이 그러하듯 재결합할 가능성은 있었으나 새 출발을 하고 싶었기 때문이다. 헤어진 남자 친구는 착하고 좋은 남자였지만, 그래서 재미가 없었다. 늘 잘해주었고 언제나 자상했고 매번 내가 먼저였지만, 피붙이 같아서 지루했다. 삼 년 넘게 사귀면서 그이의 보호를 받았으나, 한결같은 안전한 사랑은 점점 김빠진 맥주 같았다.

이별하고 자발적 솔로로 지내던 어느 추운 날 그에게서 메시지가 왔다. 고모할머니가 돌아가셨고 할머니도 곧 돌아가실 것 같다고. 너무 힘든데 곁에 있어 줄 수 없냐고. 그 곰 같은 남자는 헤어지고 나서야 처음으로 사랑한다고 했다. 그동안 마음을 표현하지 못해서 미안하다는 말을 덧붙이며 결혼하자는 말도 남겼다. 물론 그는 무뚝뚝한 사람이었지만 사귀는 내내 행동으로 마음을 표현했었고 나는 사랑받고 있다는 걸 매 순간 느낄 수 있었다. 그게 문제가 아니었는데, 그게 문제라고 생각한 모양이었다. 나는 답장을 보내지 않았다. 나보다 착한 여자를 만나야 한다고 생각했던 것 같다.

그에게 받은 사랑이 얼마나 귀한 것이었는지 나쁜 남자들을 겪어본 후에야 깨달았고 지금은 그런 사람을 찾기 힘들다는 걸 알기에 내가 찍은 발등만 안타깝게 바라보는 신세가 되었다. 겨울 안에서 혼자 불멍에 취할 때면 종종 그이를 생각한다. 손가락에 동상을 달고 살았던 차가운 내게 매년 장갑을 선물했던 그를. 얄팍하게 입고 다니는 나를 위해 여분의 패딩 하나를 차에 싣고 다녔던 그를. 길바닥에 주저앉아 끊어진 인연을 붙잡고 엉엉 울던 그를.

　혼자가 된 그해 겨울은 남도에도 눈이 제법 쌓일 만큼 한파가 심했다. 한 남자가 끈질기게 러브콜을 보내왔다. 그의 구애를 무시했던 건 그가 싫어서가 아니었다. 끝난 사랑을 충분히 애도하고 싶었고 얼마 남지 않은 이십 대를 혼자 조용히 보내고 싶었다. 멋진 그의 외모가 부담스러운 것도 이유 중 하나였고 불나방처럼 달려드는 게 의심스럽기도 했다. 내가 부잣집 딸도 아니고 기절할 만큼 예쁜 것도 아니고 학벌이 좋아서 미래가 훤한 것도 아니었으니, 그의 집요함은 수상할 수밖에 없었다. 심지어 딱 한 번 우연히 만난 사이였다. 그는 내 동생을 통해 연락처를 알아내어 매일 내게 연락을 했고 단호하게 거절해도 먹히지 않았다. 결국, 한 번만 만나보라는 동생의 성화에 못 이기는 척 그를 만나러 나갔다.

　어느 대학가 앞 건널목 맞은편에서 그를 발견했을 때, 그이를 좋아하게 될 것 같다고 생각한 이유는 옷차

림 때문이었다. 아래위 새까만 트레이닝복. 새까만 후드 잠바. 새까만 비니. 동네 친구들과 당구장에나 갈 법한 차림새로 건널목에 서 있던 그는 파란불로 바뀌자 나를 향해 거침없이 걸어왔다. 그는 성큼성큼. 나는 쿵쾅쿵쾅. 멀쩡했던 심장이 나부대기 시작했다. 어떻게 저리도 편한 복장으로 나올 수 있지? 무슨 수작이지? 근데 왜 멋진 거지? 그가 내 앞에 와서 함박웃음을 지었고 그 순간 나는 무방비로 큐피드의 황금 화살에 희생되고 말았다. 가장 뜨거운 사랑이었고 가장 길었던 인연이 그 사람이었다. 또한, 가장 아팠고 가장 큰 상처를 남겼으므로 나는 오랫동안 '완벽하게' 혼자서 겨울을 났다.

그 후에도 이러저러한 인연은 끊임없이 나를 유혹했지만 새로운 사랑을 시작하기엔 내가 너무 바닥이었고 큐피드의 화살이 관통해야 하는 심장은 병들어 버렸다. 겨우 닿았던 찰나의 인연들은 죄다 잘못된 만남이었고 나쁜 남자들이었다. 어떤 가난한 남자는 내 신용카드로 큰 빚을 남긴 채 도망갔고 어떤 나쁜 남자는 내 건강을 망가뜨리고 도망갔다. 호되게 당했다. 그들이 나를 기만하고 도망간 계절들도 모두 차가웠거나 곧 차가워질 단계였고, 나는 내가 버렸던 착한 남자처럼 착한 여자 코스프레를 하며 길바닥에서 엉엉 울었다.

> 예술가란 한 사람만을 사랑할 수가 없어서 인류를 사랑하는 사람이다.
>
> 지식인이란 인류를 사랑하느라 한 사람을 사랑하지 못하는 사람이다.
>
> 성인이란 우주 전체를 사랑하기 위해 자기 자신을 없앤 사람이다.
>
> 나는 나를 사랑하는 법을 몰라서 풀 한 포기조차 사랑하지 못하는 사람이다.
>
> _ 이문재 「너는 내 운명」* 전문

하마터면 겨울이 싫어질 뻔했는데, 인생사 전화위복이라. 나는 쓰는 사람. 내게는 소설이 있었다. 나는 그들이 범한 죄과 덕분에 그들을 만나지 않았더라면 구상조차 하지 못했을 소설을 쓰게 되었다. 실화이지만 실화인 줄은 당사자만이 알 수 있는 장면들. 나만이 할 수 있는 복수. 글로 밥벌이를 하는 이상 나는 예전처럼 울거나 징징대기만 하지는 않는다. 아무리 추워 봐라. 내가 소설을 그만 쓰나. 그렇게 악을 쓰면서 소설을 붙들었고 의외로 붙들려 주어서 무명하나마 지금도 쓰고 있다. 마침, 겨울이다.

겨울이 다가오면 여전히 불안하고 우울해진다는 사실을 부정하지는 못하겠다. 그 계절이 불러들이는 기억에 사람들은 휘청거린다. 겨울에는 눈만 내리는 게 아니었다. 빌어먹을 나쁜 기억들도 자꾸만 내리고, 내려서 쌓이고, 쌓이되 사라졌다. 애써 망각하고자 노력하지는

---

* 이문재 시인의 「너는 내 운명」은 시집 『지금 여기가 맨 앞』(문학동네. 2014)에 수록된 시입니다. 이 시를 처음 읽었을 때, 무언가 들킨 사람처럼 슬프고 부끄러웠습니다.

않는다. 원망이든 증오든, 미움이든 후회든 내리면 내리는 대로 기꺼이 감당하고 있다. 그것들이 쌓이기를 기다렸다가 소설을 쓴다. 쌓였다가 녹으면 봄이 올 테고 그즈음 내 인생에도 꽃이 필 거라는 기대를 품고서.

봄에 하루 놀면 겨울에 열을 굶는다는 말이 있다. 농번기 농사를 두고 하는 말인데, 소설가에게 농번기라면 겨울에 해당하는 것 같다. 이듬해의 활동이나 성과가 겨울 집필에 달린 경우가 많기 때문이다. 올겨울, 나는 그 어느 해보다 치열하게 소설을 쓰고 있다. 한줌허리 누옥에 홀로 앉아 묵묵히 글을 빚는다. 낡은 수도관이 얼어서 온수가 나오지 않아도 내 안에는 붉은 온수가 철철 넘치니 무엇이 두려울까. 매일 아침 긴장하며 보일러 기름의 높이를 확인하면서, 밤이면 먹을거리를 찾아 인가로 내려온 멧돼지를 주시하면서, 마지막 남은 파스를 어깨에 붙이면서 나는 소설과 밀당을 하고 있다. 남자가 아니라 소설과 밀당이라니. 신선하고 한심하지 아니한가.

생각해보면, 겨울은 의외로 희망적이다. 사계절 중 유일하게 두 해가 공존하기 때문이다. 마음먹기 좋은 계절이고, 무엇이든 도전하고 싶은 계절이 지금이다. 얼마든지 뜨거워도 좋을, 뜨거울수록 좋을. 혹은 이별해도 괜찮은, 봄이 올 테니까. 그래서 겨울이 좋다. 많은 이별이 이 계절에 있었지만 아직 모두와 이별하진 않아서, 앞으로의 시련도 이 계절이 될지는 모르겠지만 그건 아직 걱정해야 할 일이 아니므로, 나는 이 계절을 아낌없이 누리고 사모할 테다.

불운한 시절과 불행한 기억에서 버티려면, 우리는 큐피드를 만나야 한다. 큐피드라고 해서 사람을 향한 사랑에만 국한한다면 곤란하다. 우리가 매료되어 꼼짝 못 하게 되는 상대가 늘 사람인 것만은 아니니까. 녀석의 화살이 사랑을 매달고 오든 꿈을 매달고 오든 나태해지지만은 말자. 그것만은 어느 계절에도 말자. 그래야 지킬 수 있다. 아무리 추워도 우리, 마음만은 게을러지지 말자.

올해는 한 사람도 사랑하지 않으리

올해는 술을 줄이고 운동을 하리

계획을 세운 지 사흘째

신년 모임 뒤풀이에서 나는 쓰러졌다

열세 살 어린 여자애에게 매혹되기 전 폭탄주 마셨다

천장과 바닥이 무지 가까운 방에서 잤다

별로 울지 않았고 별로 움직이지 않았다


날마다 새로 세우고 날마다 새로 부수고

내 속에 무슨 마귀가 들어 일신우일신日新又日新 주문을 외는지

나는 망토를 펼쳐 까마귀들을 날려 보낸다

밤에 발톱을 깎고 낮에 털을 밀며

나한테서 끝난 연결이 끊어진 문장

혹은 사랑이라는 말의 정의定義를 상실한다


설날의 어원은 알 수 없지만

서럽고 원통하고 낯선 날들로 들어가는 즈음

뜻한 바는 뺨에서 흘러내리고

뜻 없이 목쉰 소리로 노래를 부르는데


한 사람도 사랑하지 않는 일은

백 사람을 사랑하는 일보다 어려운 이성의 횡포

수첩을 찢고 나는 백 사람을 사랑하리

무모하게 몸을 움직이지 않으며

마실 수 있는 데까지 마셔보자고 다시 쓴다


_ 김이듬 「날마다 설날」* 전문

---

* 김이듬 시인의 「날마다 설날」은 시집 『말할 수 없는 애인』(문학과지성사, 2011)에 수록된 시입니다. 시를 읽고 다시 제목을 읽으면 더 크게 공감됩니다.

## 18. '땡'이 필요한 사람들

어릴 적에 나는 주로 '땡'을 치는 쪽이었다. 스스로 '얼음'이 되어 멈춰 선 친구들을 향해 바람 같이 달려가 '땡'을 친 후 살려주는 게 좋았다. 달리기도 빨랐고 놀이도 잘했던 나는 땡처리 반이었다. 그래서 친구들은 얼음땡 놀이를 하고자 할 때마다 늘 나를 찾았다. 일종의 보험 같은 날쌘돌이 한 명쯤 있어야 재미가 돋는 놀이였다. 얼음은 스스로 선택하는 것이지만, 땡은 타인의 손이 필요하다. 그게 얼음 땡의 룰이다. 살아보니 세상살이도 마찬가지였다.

언젠가부터 나는 스스로 얼음이 되었다. 삼십 대에는 마치 빙하처럼 살았다. 누가 나한테 얼음이 되어야 한다고 권한 적도 충고한 적도 없었는데, 나는 달아나는 일에 지친 나머지 걸핏하면 얼음이 되었다. 아무리 기다려도 내게 달려와 땡을 쳐주는 사람이 없었다. 그래서 나는 계속 얼음이었다. 땡 쳐줄 사람이 없으니 최선을 다해 녹지 말아야 했다. 며칠이 몇 달로 이어졌고 해를 거듭하더니 거의 한 시절을 그렇게 보낸 것 같다. 아늑하고 다정한 것들을 증오하고 내가 존재하는 사실을 거부하면서.

눈망울이 초롱한 아이가 된 것처럼

달과 별에게 그대 소식을 물어보았네.

나무와 꽃에게도 물어보았지만

이따금 나에게 돌아오는 것은 깊은 허무감과 덧없는 안락함뿐이었네.

그대가 없는 깊은 밤

난 잠시 경솔한 생각에 빠지기도 했네.

> 신은 실수로 세상을 만들었고
>
> 세상은 실수로 나를 낳았노라고.

_ 프리모 레비 「죽음이 나를 아는 체하네」* 부분

땡을 쳐주는 사람들을 만난 건 작가가 되고 난 후였다. 너무 오랫동안 얼어 있었던 탓일까. 해빙의 시작은 두려웠고 언제 울고 언제 기뻐해야 하는지조차 판단할 수 없었다. 그게 땡이었는지도 한참 뒤에 알게 되었다.

데뷔한 지 몇 달도 채 되지 않았던 신인 작가가 두 군데 출판사에서 출간 제의를 받았다. 뭘 믿고 그러시느냐 물었을 때, 두 군데에서 같은 대답을 들었다. 그저 글이 좋다고 했다. 그런 기회들이 오기 전까지 나는 여전히 얼음인 상태였다. 작가로 살아가려면 뭘 어떻게 해야 하는지 아무것도 모르겠고 가르쳐주는 사람도 없었

---

* 프리모 레비 시인의 「죽음이 나를 아는 체하네」는 시집 『살아남은 자의 아픔』 (노마드북스. 2011)에 수록된 시입니다. 존재와 죽음이 실수라는 단어를 만나면 이렇게 아픈 시가 됩니다.

기 때문에 하루하루가 막막하기만 했다. 그런 내게 다가와 처음으로 땡을 쳐준 사람은 출판사 대표님이었다.

한 권 두 권 출간이란 걸 하고 작품 발표 기회가 늘어나면서 나를 읽어주는 독자들도 늘어났다. 나에게 끊임없이 땡을 쳐주는 사람들은 독자들이었다. 그들의 땡 덕분에 마음마저 조금씩 녹기 시작하면서 희망이나 용기도 붙는 것 같았다. 얼음 이전의 나로, 어쩌면 친구들의 땡처리 반이었던 날쌘 나로 돌아갈 수 있을 것 같기도 했다. 간혹 내가 넘어지면 지켜보던 독자들이 달려와 땡땡거렸다. 땡, 일어서요! 땡, 할 수 있어요! 나는 계속 일어섰고, 그들은 언제든 땡을 쳐줄 준비가 되어 있었다. 드디어 내게도 땡처리 반이 생긴 것 같은 느낌은 생애 처음 갖는 든든함이었고 작가로 살아갈 힘이었다.

인생은 얼음땡 놀이 같다. 얼음이 된 사람들은 많은데, 땡 해주는 사람은 별로 없다. 땡을 해주려면 본인은 얼음이 아니어야 한다. 요새 얼음이 아닌 사람은 참 드물다. 가만 생각해보면, 한 번도 얼음이었던 적이 없었던 사람보다 얼음이었다가 누군가의 손길로 땡을 얻어 본 사람이 주로 땡을 치고 다녔다. 그 사람들 눈에는 땡이 필요한 사람이 보이는 것이다. 어떻게 다가가야 하는지도 잘 안다. 섣부른 충고나 과도한 오지랖이 송곳이 되어 얼음을 녹이기는커녕 깨버릴 수도 있다는 걸, 담백하게 땡만 치고 가면 된다는 걸 알고 있었다. 그들 덕분에 땡을 얻은 사람은 다시 살고, 살면서 또 다른 땡을 친다.

비대면이 대세인 요즘에는 어떻게 땡을 칠 수 있을까. 가까운 사람들에게는 마음을 전하는 카톡 한 줄, 진심을 담은 전화 통화로 가능하다. 응원하는 댓글 하나가 무명작가를 며칠은 살게 만들고, 장점을 살려주는 피드백 한 문장에 문청들은 내일도 쓴다. 사소한 별점 같지만 감독과 배우에게는 하늘의 별 같은 에너지가 되고, 예쁜 후기 하나에 간이사업자는 폐업하지 않을 용기를 얻는다. 이 모든 건 펜데믹 시대에 직접 만난 장면들이다. 정말이지 작디작은 땡 하나가 사람을 녹인다는 걸, 살게 한다는 걸 지켜보았다.

  이제 어떻게 살아야 한다는 걸 알아버렸으니, 어떻게 살아야 할까. 땡 치는 사람이 되려고 부단히 노력하고는 있다. 그러나 아직 내게도 땡이 부족한 것 같다. 자주 얼음이 된다. 스스로 땡 치는 방법도 조금씩 알아가는 중이고 알 것 같기도 하지만, 그렇지만… 징징대고 싶다. 무서운 아버지 때문에 나의 자매들은 어려서부터 징징대거나 떼쓰는 법을 모르고 자랐다. 세 자매 중 작가가 된 둘째 아이가 마흔이 넘어 이렇게 떼를 쓰고 있다. 땡 좀 쳐달라고. 나의 땡처리 반이 되어 달라고.

*눈을 떴을 때 나는 바닥에 닿아 있었다*

*흉물스러운 바닥의 상징들로 각인된 팔과 이마는*

*오늘, 또 하나의 슬픈 계급을 얻는다*

삶의 바닥에 무릎 꿇어 본 적이 있다

하루의 인생을 허탕 치고 돌아와

단단하고 냉랭한 바닥에 무릎을 주고 손을 짚으면

이런 슬픔에 어울리는 습기와 냄새 그리고

허공의 무게가 뒷등에서 자라곤 했다


심해의 물고기들처럼 납작해질 용기가 없다면

중력을 향해 솟구쳐야 한다

마른 땅을 움켜쥐고도 몇 번을 다시 살아내는 나무처럼

시든 무릎을 세우면서

사람의 가장 슬픈 자세를 풀고 있는

나도 이제 바닥이라는 말을 알아들을 나이


달력은 벽에서 전등은 천정에서 화분은 베란다에서

저마다의 자세로 각자의 바닥을 해결하고 있다는 것을

나약한 인간의 고백

알았을 때 절망은

단단한 계단의 다른 이름이 된다

_ 권상진 「바닥이라는 말」* 전문

* 권상진 시인의 「바닥이라는 말」은 시집 『눈물 이후』(시산맥사. 2018)에 수록된 시입니다. 바닥에 곤두박질쳤다고 생각했을 때, 일어설 힘이 되었습니다.

## 19. 방이면 어떻고 집이면 어때

가물가물하지만, 나는 대학교에서 지리, 지질, 풍수 따위를 전공으로 배웠다. 다 재미없었는데 풍수는 좀 들을만했고 마침 '방'과 관련한 얘기가 떠올랐다. 한 문장으로 요약하면 '방은 낮고 좁아야 한다'는 것이다. 집과 방의 의미는 조금 다르게 해석되는데, 집은 가족의 개념으로 방은 개인의 영역으로 본 결과가 그렇다. 방은 왜 낮고 좁은 게 좋을까? 잠을 자면 방 주인의 기운이 방 안에 응집된다. 방이 크면 기운은 당연히 흐트러질 것이다. 큰 업적을 세운 사람들의 생가에 관한 과제를 제출한 적이 있는데 자세한 내용은 잊었지만, 앞의 풍수에 힘이 실렸던 건 확실하다.

나는 시골 마을을 전전한 지 십 년이 넘었고 열 번 조금 못 되게 이사를 했다. 그때마다 집을 알아보고 계약하기까지 몇 달이 걸렸다. 내가 원하는 집은 좀체 구하기 힘들었다. 형편도 좋지 않은 주제에 보는 눈만 까다로웠다. 어쩔 수 없었던 이유가 있다. 나는 거의 집에만 있고 집이 곧 직장이기도 해서 글을 쓸 수 있는 환경이어야 한다. 장군이가 있으니까 대형견을 키우기에도 무리 없어야 한다. 또 어설프게 배운 건 있어서 집 구조를 따지는 게 많고 특히 큰 집은 원하지 않는다.

종일 방에 대해 생각하며 세상의 방들을 꺼내 보았다. 방. 안방. 건넛방. 주방. 온돌방. 다락방. 혼자 방방거리다가 엄마한테 전화를 했다. 나 어릴 적에 우리가 살았던 방에 대한 기억을 물었다. 엄마는 한숨을 푹 쉬며 말했다. 그때가 너희들에게 가장 미안했다고. 의외여서 묻지 않을 수 없었다. 왜?

거긴, 집이 아닌 방

엄마는 수산 시장 안에서 장어구이를 파는 장사를 했다. 그 안에 딸린 기다란 방 한 칸. 방의 끄트머리 상단에 나무로 된 문짝이 있었다. 다락이었다. 사다리를 걸쳐야 올라가는. 그 방에서 엄마, 아빠, 어린 세 자매가 살았다. 집이 아닌 방에서 다섯 가족이 살았다. 냄새. 아빠는 방 안에서 담배를 피웠기 때문에 방 안은 늘 매캐한 담배 냄새가 났고 방문을 열면 장어 굽는 냄새가 났다. 소리. 방문을 닫아도 시장통은 늘 시끄러웠고 방문을 열면 장어구이를 먹는 아저씨들의 목소리가 들렸다. 아저씨들은 술도 마셔서 당연히 취할 때도 있었다. 엄마가 미안해하는 포인트가 바로 그 부분이었다. 어린 딸만 셋. 방문 하나를 사이에 두고 엄마는 딸들을 양육해야 했고 장사도 해야 했다. 시끄럽고 어둡고 좁고 비리고 취하고 위험한 곳에 우릴 두어야 했던 엄마의 죄책감. 집이 아닌 방이었기에. 번듯한 집에 살게 하지 못하고 방에 살게 만들어서.

　방이라는 게 그렇다. 집은 건물, 방은 칸이다. 칸은 사생활 분리와 보호가 목적이다. 그게 되지 않으면, 그러니까 집이 아닌 방에 온 가족이 모여 사는 건 불편할 수밖에 없다. 서로의 어떤 장면을 쉽게 목격하게 되고 목격한 걸 못 본 척하게 되고 저절로 눈치만 늘어난다. 장녀는 애어른이 되고 둘째는 천덕꾸러기가 되고 막내는 겁쟁이가 된다. 그러나 단 한 번도 집이 아닌 방에서 살았던 그때를 원망했던 기억은 없다. 아지트 같은 다락이 있었고, 방 안에 함께 있어 줄 언니와 동생이 있었기 때문이다. 무엇보다 방문만 열면 보이는 곳에 엄마가 있었기 때문이기도 했다. 내가 아직도 장어구이를 좋아하는 걸 보면 결코 나쁜 기억을 남긴 '집'은 아니었다고, 엄마를 위로해주었다. 지금 내 나이보다 어렸던 그때의 엄마는 참 열심히 살았다고. 고맙다고.

우리는 하루에 세 번 둥글게 모였다 머리가 닿을 듯 말 듯 무릎을 꿇고 공손히 언니가 차려주는 양철밥상 하얀 나박김치의 양철밥상 살얼음에 자꾸만 미끄러지는 양철밥상

　달그락달그락 지냈다 칸칸이 블록 집에서 얼음처럼 지냈다 귀퉁이가 가벼워서 언제나 기우뚱했던 양철밥상 아이는 늘 열이 났다 행상을 마치고 돌아온 여자는 양철처럼 반짝였다 눈시울이 뜨겁거나 더욱 환한 목단이거나 시집올 때 가져온 여자의 솜이불, 그 이불을 평생 덮고도 부자가 되지 못한 여자 그 붉은 목단이 양철판 위에 날마다 피고 진다 금방 뜨거워지고 금방 차가워지는 깡통처럼 양철처럼 우리는 하루에 세 번씩 둥글게 모였다

_ 유승영 「우리는 영원히 미끄러진다
- 양철밥상에 대한 기억」* 전문

여긴, 방이 없는 집

지금 내가 사는 집은 아주 옛날에 지은 초가삼간을 현대식으로 개조한 것으로 보인다. 방 두 칸이 나란히 붙어있고 그 앞으로 마루였을 기다란 공간은 복도인지 거실인지 애매하다. 저 끝에 부엌이 있고 더 끝에 화장실이 있다. 늙은 장군이의 편의를 위해 방문과 부엌문을 떼어내고 방풍 비닐을 붙였다. 이 집에서 완벽하게 구분된 공간은 화장실밖에 없다. 말하자면, 나는 방이 없는 집에 살고 있다. 산책하는 한 시간을 뺀 하루 23시간을 이 집에서 보낸 지 삼 년이다. 굳이 방을 구분 짓지 않아도 내 기는 이 좁은 집 안에 가득 차 있을 것이다. 가끔은 그게, 그러니까 집 안에서 내 기가 느껴질 때도 있다. 정말이다.

* 유승영 시인의 「우리는 영원히 미끄러진다-양철밥상에 대한 기억」은 시집 『하노이 고양이』(서정시학. 2018)에 수록된 시입니다. 가난도 아름다웠던 시절이 있었던 것 같습니다. 가족들이 밥상 앞에 모여 앉아 밥 먹던 어린 시절이 그랬습니다.

내 침대 머리 방향이 북쪽으로 향해 있는 게 못마땅한 엄마는 매번 방향을 바꾸길 권했다. 나도 아는데, 나는 풍수를 무조건 믿는 게 아니라 내가 겪어보고 신뢰가는 부분만 믿는다. 머리를 동남향으로 두고 자면 부자 되고 장수한다는 말들은 설일 뿐, 방향 따위야 자신에게 맞으면 그만이다. 나는 북쪽으로 자면서 매일 꾸던 악몽이 많이 줄어들었다. 그렇게 따지면 기가 모여야 할 방의 문짝을 떼버리는 행위도 삼가야 하는데, 문을 다 없애고 나니 동선이 자유로워서 훨씬 편해졌다. 장군이도 마음에 들어 하는 눈치다. 어릴 적에 집이 아닌 방에서도 깔깔거리며 웃고 살았던 세 자매처럼 장군이와 나는 방 없는 집에서 행복하게 살고 있다. 그것이 최고의 풍수다.

방이면 어떻고 집이면 어때.
함께 살 수 있다면.

나약한 인간의 고백

방 하나를 치웠다 오랫동안 방치해 둔

낡고 삐걱거리는 세월을 들어내고

모서리에 쳐진 거미줄도 벗겨냈다

꺼칠하게 마음이 벗겨진

구석진 창틀에 락카 페인트를 칠하고

알전등처럼 반짝이는 기다림도 달았다

인적이 드문 먼 골목을 서성이며

오래도록 절룩거리던 절망아

나 오늘 마음의 구석방 하나를 치워 두었다

_ 권애숙 「따뜻한 방 하나가」* 부분

---

* 권애숙 시인의 「따뜻한 방 하나가」는 시집 『카툰세상』(현대시. 2000)에 수록된 시입니다. 이 시를 읽을 때마다 저는 목욕을 하고 싶습니다.

## 20. 신화와 음악 사이, 페르세포네

언젠가, 클래식을 들으며 하루를 시작한다는 유명한 작가의 루틴을 들었을 때, 클래식을 듣지 않아서 내가 유명해지지 못하는 걸까, 라는 어처구니없는 생각도 했었다. 성공한 사람들의 삶에 나를 대입하여 내 가난의 이유라든가 훌륭한 작가가 되지 못하는 원인을 찾고 싶었던 것 같다. 설령 그게 답이었다고 해도 아침마다 클래식을 들으며 잠을 쫓을 자신은 없었다. 나는 가사가 없는 음악을 들으면 철학서를 읽듯이 빠져들어 해석하려는 성향이 있으므로 골치가 아프다. 그럼에도 종일 클래식을 틀어놓는 경우가 가끔 있다. 작업 중인 소설과 비슷한 장르의 영화 삽입곡이면 그렇다. 말하자면 음악을 어떤 용도로 사용한 것 같다.

내게 가장 익숙한, 내가 애정하는 작곡가는 유일하다. 「봄의 제전」으로 잘 알려진 이고르 스트라빈스키(Igor Stravinsky, 1882~1971). 클래식에 문외한이었던 내가 스트라빈스키를 알게 된 건 나의 언니 때문이었다. 예술 감성이 뛰어났던 내 언니는 나와 달리 다방면으로 조예가 깊었고 나는 그런 언니를 우상처럼 여기며 자랐다. 언니가 보고 듣고 말하는 모든 게 멋있어 보였고 그래서 곧잘 따라 했고 스트라빈스키도 그중 하나였다. 그랬는데, 언니가 사라졌다. 2019년이었다.

그해 겨울, 나는 스트라빈스키의 「페르세포네」를 들으며 소설을 구상했다. 그 곡을 들으면 형체가 분명하지 않은 소설 한 편이 흐릿하게 지나가는 것 같았다. 유난히 반복해서 들었던 이유는 그즈음 동화와 신화를 뒤집어 각색하는 일에 매료되어 있었기 때문이었고, 집필 전 듣는 음악이 영감에 많은 도움을 준다는 것을 깨달은 시점이기도 했으며, 무엇보다 언니가 하늘로

가고 나서 처음 맞는 겨울이었기에 채워지지 않는 허전함을 다른 무엇에서 찾아 메우려 했던 것이다.

듣는 일도 버거운 사람으로서 감히 그의 곡을 해석하는 건 엄두조차 못 낼 일이지만, 다행히 「페르세포네」는 신화와 음악 사이에 있다. 귀가 있으면 듣고 눈이 있으면 보는, 예술이란 그 이상 이하도 아니라고 생각하는 사람이기도 해서, 그해 겨울을 떠올리며 지금은 음악을 쓴다. 클래식이란 고전이라는 뜻만 가진 게 아니라 음악의 품격이 최고라는 의미 또한 가지고 있다. 그러함에서 클래식 음악의 정점을 찍은 것은 스트라빈스키가 아닐까 생각했을 만큼 나는 그의 음악을 좋아했는데, 어쩌면 그의 음악밖에 듣지 않아 교양이 얕은 자의 편애일 수도 있겠다.

제우스의 동생 하데스가 페르세포네를 납치하자, 그녀의 어머니 데메테르는 딸을 찾아서 온 세상을 헤매고 또 헤맨다. 어머니가 보기에도 너무 아름다운 나머지 시칠리아의 섬에 숨겨둔 딸이었다. 곡물과 땅의 여신이었던 데메테르는 딸을 찾을 수 없어 제우스에게 달려가 읍소하고, 여차여차, 결국 일 년 중 4개월은 하데스의 아내로 살아야 한다는 명을 받아들이게 된다. 데메테르가 딸을 보지 못하는 기간에는 대지가 마르고 곡식이 자라지 않았다. 그 기간이 겨울이 되었다는 이야기다.

비록 신화일 뿐. 신화 중에 두 번째로 좋아하는 이야기지만, 겨울의 의미를 잘 다루었다는 생각이 들어서 이 계절에 종종 떠오르곤 한다. 우리 주위에는 하데스와 같이 나쁜 사람도 많고 페르세포네처럼 상처받아 일그러진 사람도 많은데, 나쁜 사람은 타인을 해하지만 그렇지 못한 사람은 자신을 찔러 마음의 병을 치른다. 데메테르처럼 자신이 가장 잘하는 것, 좋아하는 것에서 손을 놓는 일만큼 자신을 해하는 일은 없는 것 같다. 그리움과 비극의 시간이 겨울을 만들었고 그 무엇도 비옥하기 힘든 계절이 되었다. 그런 감정을 잘 표현한 곡이 「페르세포네」다. 겨울이면 스트라빈스키가 떠오르는 이유, 내 글이 어두워지는 변명이기도 하겠다.

음악만으로 스트라빈스키를 좋아하는 것은 아니다. 스트라빈스키의 도전 정신이나 모험심 같은 것들이 겁쟁이였던 내게 흡수되길 바라는 마음도 있었다. 그의 예술적 재능이야 말할 수 없이 뛰어났지만, 그가 가진 거부의 힘이랄까? 이미 만들어져 있는 것들에 묻어가지 않으려는 다양한 시도와 용기. 그런 것들이 부러웠다. 타고난 재능도 후천적 뒷심도 없어 주어진 대로 사는, 나 나부랭이에게 그는 또 다른 우상으로 존재했던 것이다.

오래간만에 「페르세포네」를 다시 들으며 이런 생각을 했다. 언니를 통해 알게 된 음악, 미술, 문학, 와인 등에 관한 것들. 그 모든 게 언니 없이 이 계절을 살게 하려고 일찌감치 내게 전수한 건 아닌지. 동생이 작가로 살 수 있도록, 다양하게 도전하고 오래 버틸 수 있도록 차곡차곡 쌓아주었던 양식이 아니었는지. 스트라빈스키와 우리 언니가 저세상에서 만났다면 절친이 되었을 거라는 생각도 아주 잠깐, 시시하게 지나갔다. 그리움이나 음률, 붙잡을 수 없는 모든 것들이 낡은 문틈 사이로 무람없이 넘나드는 계절에 나는 「페르세포네」를 듣는다.

    3

아침부터 저녁까지 사랑은 손가락이 닿는다
"석아 시내 나가니" "악보 하나 사 다오 호텔 캘리포니아"
구겨진 500원을 내민다 "그래 사 올게"
"그건 한일악기사밖에 없다" "알았어"
대문을 닫고서도 담 너머 들리는 기타 소리.
나는 악사의 수음이 내는 소리를 타고 간다. 호텔 캘리포니아 악보 하나 주세요. 호주머니 속으로 형이 어머니께 얻었다는 돈을 만지작인다 "없다구요" "여기 와서 찾아보세요" 어떡하나

동굴 속에서 바스락거리는 노래 잃은 새.

여관 동대구에 번뜩번뜩 불이 서고

시간이 흐를수록 집으로 돌아가는 일은

어려워진다

5

그까짓 형, 어머니 내버려 둬요. 변명하지

말어 긴 머리칼은 나의 상상력이라고. 밤

늦게 옷을 파신 어머니, 어머니

집에서마저 흥정하며 사시진 마세요

내가 빡빡 깎을게요, "삼손도 제 어미가

졸랐으면 깎았겠다 까짓

장발" 어머니 "나를 말려 죽여라" 그런 놈들은

저런 거예요, 머리 좀 깎어 형 "군대나 빨리

가 버려라" 그리고 왜 그렇게 표시가 나는 거야

그런다고 형 "그저 장발이고 싶다" 베토벤이 그 긴

머리칼에서 태어나나

나약한 인간의 고백

_ 장정일 「기타리스트에게 준다」* 부분

* 장정일 시인의 「기타리스트에게 준다」는 시집 『길안에서의 택시잡기』(민음사. 1998)에 수록된 시입니다. 그 시절 대우받지 못했던 예술인에 관해 실감 나게 쓴 시입니다.

## 21. 사람을 미워하는 일

 미워도 미워할 수 없는 사람이 있다. 미웠지만 종국에는 사라지는 미움이 있다. 미워했던 사람의 인생을 고스란히 공감할 수 있게 되면 그렇다. 공감할 수 없을 때 미움은 커지고 원망이 자라게 된다. 어쩌면 충분히 할 수 있음에도 하고 싶지 않아서 생기는 미움에 대한 집착일 수도 있다. 타인에게 베푸는 마음이란 겪은 만큼 가질 수 있는 깜냥의 문제였다는 것을 아버지를 통해 알게 되었다.

 괜찮은 사람이었지만 좋은 가장은 아니었던 내 아버지를 빈틈없이 미워했었다. 아무것도 이해하고 싶지 않아서 변명을 들을 생각조차 하지 않았다. 미운 상태로 멀어지고 싶은 사람도 있는 법이라고, 그래야 영영 미워할 수 있고 그게 가장 큰 복수라 생각하며 마음에 무거운 닻을 내렸다. 아버지의 유년기를 듣기 전까지는 그랬다.

대학교에 입학하고 얼마 되지 않아 생애 첫 개복 수술을 했다. 수술을 마치고 병원에 입원해 있었을 때, 아버지는 내 병실에 단 한 번도 오지 않았다. 그것이 두고두고 가슴에 맺혀 있었다. 자식이 큰 수술을 하고 입원해 있는데 한 번도 찾지 않는 아비가 있을 수 있을까. 있다고 해도 왜 하필이면 내 아버지일까. 미웠다. 나로서는 그런 마음이 합당하다고 생각했기에, 대놓고 아버지를 미워하고 원망했다.

내가 꼬마일 적에 숙환으로 돌아가신 할머니의 병명은 골수암이었다. 입원 치료가 부질없어서 재택 요양을 결정한 것은 아마 할머니 스스로 병세를 짐작한 때문으로 보인다. 지금처럼 의료 기술이 발달하지 않았던 시절, 일반 진통제로는 뼈를 뚫고 번지는 통증을 견딜 수 없어서 마약성 진통제였던 아편을 약액으로 썼다고 한다. 당시에도 아편은 의료기관 외에 개인이 거래하는 것은 불법이었지만, 할머니의 재력으로 얼마든지 뒷거래가 가능했다.

어릴 때부터 소문 난 효자였던 내 아버지가 아편을 거래하고 배송하는 역할을 했다. 아버지는 할머니가 통증으로 몸부림칠 때마다 아편을 구하기 위해 달리기를 했다. 엄마가 죽을까 봐 불안에 떨면서 최대한 빨리 저잣거리를 뛰었다. 현금 뭉치를 들고 불법 거래를 하기 위해 달려야 했던, 조금이라도 늦으면 죽음이 기다리고 있을까 봐 겁이 났을 소년은 훗날 세 딸의 아비가 되었다. 또한, 입원한 딸의 병실에도 가보지 못하는 겁쟁이가 되었다.

아버지는 병원이 무서웠다고 말했다. 지긋지긋하기도 했고 무섭기도 했다고. 뒤늦은 딸의 질문에 그렇게 대답하던 아버지는 미안한 표정이었다. 아버지의 유년기를 알게 된 후, 아버지를 향했던 미움과 원망을 지울 수 있었다. 오히려 아편을 들고 달리는 소년이 자꾸 눈에 밟혔다. 얼마나 가혹한 기억일 것인가.

아버지를 향했던 화살이 나를 향한 미움으로 바뀌었던 건 응급실에 실려 갔던 날이었다. 나쁜 마음을 먹고 나쁜 약을 먹은 나쁜 딸을 보기 위해 아버지가 응급실에 왔었다. 정신을 차려 보니 아버지가 나를 쳐다보고 있었다. 한달음에 달려온 아버지를 보자 이제부터 내가 미안해하며 살아야겠구나, 생각했다. 오는 길이 얼마나 무서웠을까. 기어이 병원에 오게 했구나. 내가, 이 불효자식이.

작년에 아버지가 계단에서 굴러 어깨를 심하게 다쳤다는 말을 듣게 되었다. 수술하려면 보호자 동의가 있어야 한다는 말도 함께 들었다. 서둘러 운전대를 잡았고 두 시간가량 운전하는 내내 눈물이 쏟아졌다. 언니와 사별한 지 얼마 지나지 않았으니 더욱 불안할 수밖에 없었다. 어머니가 죽을까 봐 바람처럼 달렸을 소년의 마음이, 딸이 죽을까 봐 트라우마를 극복하고 달려온 아비의 마음이 이미 내 안에 들어와 있었다. 운전하면서 수차례 반복했던 말은 오직 하나였다. 아빠, 미안해. 아빠, 미안해.

　　머리에 박힌 못이 자주 빠져나왔다 싹수가 노란 못이 자꾸 튀어나왔다 못된 아이라고 아버지가 내 머리에 망치질을 했다 우리 집은 가위보다 망치가 더 빨리 닳았다

　　박힌 못을 뽑다가 두통이 오면 도로 박았다 두통이 심할수록 소리가 크게 났다 박힌 나보다 박은 아버지가 더 아파하는 것 같았지만 모른 척했다 납작한 못대가리로 거기까지 생각하는 건 무리

　　아버지의 손바닥에 박힌 못을 보면 가슴이 아팠다 아버지 역시 모른 체했다 박을수록, 더 단단

하게 박힐수록 서로 모른 체하기 편했다 아버지는 요즘도 못을 박는다

　벽마다 주렁주렁 가족들이 걸려 있다 내가 방바닥에 툭 떨어지자 아버지가 망치를 들고 온다 나는 못 하나에 꼼짝 못 하는 척을 하고 아버지는 아직도 힘이 센 척을 한다

_ 석민재 「못」* 전문

　이해는 머리로, 공감은 마음으로 하는 걸 거다. 공감하려면 많이 겪고 더 많이 느끼는 것 외엔 없는 것 같다. 학식이나 재력 따위는 다름 아닌 인생을 공감하는 데에서는 아무짝에도 쓸모없는 것이다. 아파 본 사람, 결핍이 많은 사람, 번민해 본 사람만이 공감할 수 있는

---

* 석민재 시인의 「못」은 시집 『엄마는 나를 또 낳았다』(파란. 2019)에 수록된 시입니다. 자책하고 반성했습니다. 저는 너무 늦게 이해한 존재가 아버지입니다.

영역이 있다. 결국에 나는 아버지가 소년일 적에 겪었던 공포를 중년에 와서야 겪었으니, 아버지를 미워했었던 인생 초보 시절에는 미워할 수밖에 없었노라고 이렇게 변명을 늘어놓는다.

사람을 미워하는 일은 거울 속의 나를 미워하는 미래가 될 수 있음을 알아버렸다. 그게 두려워서 이제는 미워도 미워할 수 없는 사람들이 늘어나고 있다. 사람을 대하는 마음이, 공감하는 태도와 노력이 얼마나 중요한 숙제더란 말인가. 각성의 눈송이가 펑펑 쏟아진다. 그 아래로 찬 눈을 맞으며 하염없이 달리는 소년이 보이고, 소년을 응원하는 소년의 딸이 보인다.

나약한 인간의 고백

## 22. 후각을 잃은 자가 살아가는 법

 후각은 포유류에게 있어 가장 오래된 감각이다. 개나 고양이처럼 사족 보행하는 동물, 바닥과 밀접하게 닿아 사는 생명일수록 후각이 발달하고, 조류처럼 땅과 멀어질수록 시각이 발달한다. 직립 보행을 하는 인간은 그 중간쯤 되겠다. 아마 신체 조건이나 환경에 따라 개인차가 많이 날 것이다.

 어릴 적에 비염이 심했다. 서른부터 시골에 와 살면서 많이 호전되었지만, 이미 후각적 자극에 예민하지 않은 사람이 되어 있었다. 후각은 미각과 쌍쌍바 같은 관계이므로 완벽하게 분리될 수 없었고, 그 때문에 음식을 먹는 즐거움도 크게 느껴보지 못한 것 같다. 설상

가상, 중학교 때부터 시력이 나빴다. 내가 보는 세상은 대체로 흐릿했고 그래서 보이는 것에도 큰 반응을 하지 않았다. 인간이 가진 오감 중에 세 가지가 퇴화해버린 자는 어떻게 살아갈까.

특정한 감각을 잃어버렸다고 해서 죽지는 않는다. 익숙해지면 별다른 불만도 없다. 다만, 잃어버린 감각 대신에 남아 있는 감각들이 예민해져서, 때로는 심각하게 예민해져서 놀라울 때가 있다. 후각, 미각, 시각이 제 기능을 하지 못하는 사이에 청각과 촉각이 성한 것이다. 어쩌면 개미가 기어가는 소리를 들을 수 있을지도 모를 만큼 미세한 소리까지 잘 듣고, 낯선 것이 피부에 닿으면 머리카락이 쭈뼛거리고 승천할 지경으로 촉각에 민감한 상태가 되었다. 그나마 라식 수술을 하면서 시각의 기능을 찾았지만, 후각이나 미각은 여전히 다른 기능에 의지한다.

육류를 별로 좋아하지 않는 내가 그나마 맛있게 먹는 게 치킨인 이유는 튀겼기 때문인데, 굳이 냄새를 맡지 않아도 튀긴 건 다 맛있다는 지식이 있기도 하지만, 튀긴 것을 만지는 느낌이 맛있기도 해서다. 굴이나 곱창을 좋아하지 않는 이유는 물컹한 질감 때문이고, 산낙지나 닭발은 보기에 징그러워서 싫어한다. 먹음직한 냄새로 인해 식욕이 돋은 적은 거의 없고 먹는 게 딱히 행복하지 않기에 생존을 위한 식사 정도만 하는데, 다행히 액체는 감각적인 부담이 없어서… 술을 좋아한다.

  실종된 후각과 예민한 청각은 사람 관계를 맺을 때도 티를 낸다. 지금까지 내가 사랑했던 남자들을 떠올려 보면 성대에 동굴 하나씩 가진 것처럼 하나같이 목소리가 아름다웠으니, 이성으로써 나를 유혹하는 건 분명 청각일 것이다. 무게감 있는 목소리에, 다정한 말투와 예쁜 단어까지 쓴다면 반하지 않을 수가 없다. 설령 며칠씩 머리를 감지 않아 정수리에 썩은 내가 풍겨도 상관없었다. 나는 냄새를 기억하지 못하기 때문이다.

  그랬던 사람인데…

언젠가, 베개에 얼굴을 파묻고 밤새 울었다. 그 사람의 냄새가 배어있었다. 그의 체취를 기억할 리가 없는데, 제대로 맡아 본 적도 없는 것 같은데, 베개는 그의 향을 고스란히 머금고 있었다. 울다가 벌떡 일어나 베갯잇을 벗겨서 세탁기에 넣었다. 평소에는 쓰지도 않는 섬유유연제를 잔뜩 넣어 세탁했다. 보송보송해진 베갯잇을 다시 씌운 직후에는 마음이 개운해진 것 같았다. 라벤더 향이 방 안 가득 퍼졌다.

며칠이 지났을까. 베개에 얼굴을 파묻고 또 울었다. 그 사람의 냄새가 다시 돌아온 것이다. 분명 라벤더 향이 짙게 배어 있었고 그는 돌아온 적이 없는데 그의 냄새가 베개에 박혀 있었다. 저음역의 다정했던 목소리, 새근새근 새어 나오던 숨소리, 거칠고 딱딱했던 피부결, 내 얼굴을 쓰다듬던 손의 감촉 같은 것들이었다. 그때 알았다. 후각을 잃어버린 자에게 냄새란 다른 감각으로 전달되는 기억이었다.

굳은살을 떼어내면서

감각이 흘린 무감각을 생각한다.

칼날이 들어와도 겁내지 않는 곳이

내게도 있다.

피 흘리지 않는 곳이 있다.


점점 남의 살이 되어 가는 곳

전생의 원한이 몰리는 곳인지

자꾸 칼을 들이대게 된다.

아주 오래전 무감각의 날들일 때 나는

감각 없는 울음을 울어 재꼈다.

구분을 배우지 못했던,

내 사족이 내 말을 듣지 않았던 그때로

살들은 조금씩 두꺼워져 간다.


걸음을 걸으면서 얻은 숭배의 감각들이

점점 나를 떠날 때가 온다.

살에는 혈육이 없고 남겨진 지문도 없어

한번 버려진 것들은

돌아갈 수 없는 처지가 되고 만다.

버려진 것들이 모이는 곳에선

뒤따라올 누군가를 기다리곤 한다.


감기를 앓고 나면

각막에 굳은살이 박인다.


조금 더 깊이 찔러 본다.

찌릿한 통증으로 빠져나가는

내 몸의 축을 느낀다.


_ 이도훈 「무감각」* 전문

---

* 이도훈 시인의 「무감각」은 시집 『맑은 날을 매다』(도훈. 2018)에 수록된 시입니다. 읽으면서 몸에 날카로운 통증이 일어나는 것 같았습니다.

내게 냄새란 결국, 내가 가장 힘들거나 가장 행복했던 순간에 내 곁에 있어 준 존재에 대한 기억이다. 굳은살 같은 기억들. 몇 달 동안 목욕을 시키지 않은 나의 반려견에게서 나는 냄새, 봉안당에 언니를 만나러 갈 때마다 맡는 향내, 오래도록 베개에 박혀 있었던 그 사람의 체취. 나를 반겨주는 사람의 얼굴에서 좋은 냄새가 나고 나를 미워하는 사람에게서 역한 냄새가 난다고, 내 후각은 겨우 그런 기억으로 작용한다.

 아무리 좋은 꽃향기라도 제 계절이 지나면 사라진다. 사람의 체취도 외모처럼 식성이나 나이에 따라 바뀌기 마련이다. 후각이 가장 오래된 감각인 이유는 냄새를 간직할 수 없었기 때문이리라. 사진이나 영상으로 남긴다거나 녹음할 수도 없고, 그렇다고 소설 『향수』의 주인공인 그르누이처럼 체취를 수집하는 것도 끔찍한 일이다. 자서전이나 초상화에서 대상의 냄새가 나면 어떨까, 잠깐 생각했다가 그게 얼마나 무서운 결과를 초래할지 떠올리며 고개를 저었다. 공감각에서 발현되는 기억은 사람을 내내 과거에 머무르게 하거나 집착하게 한다. 그것보다는 차라리 감각을 잃는 쪽을 택하겠다.

어떤 마음이든 어떤 감각이든 누구에게나 영원하지 않다는 공평함이 후각을 상실한 나의 신체에 다소 위로가 되어 준다. 어쩌면, 한두 가지 감각쯤은 무뎌지는 편이 좋을지도 모르겠다. 하늘을 날아다니는 유일한 포유류인 박쥐에게 매의 눈을 주지 않은 이유가 있을 것이다. 모든 감각이 완벽하다면 피곤해서 어떻게 살까. 그래, 냄새 따위 못 맡아도 괜찮다. 내겐 소머즈도 울다 갈 청각이 있으니까.

## 23. 손이 문제일까, 마음이 문제일까?

한때 신체 세 군데의 목에 해당하는 부분을 사철 내어놓고 다녔다. 목도리, 양말, 그리고 장갑 따위는 내게 불필요한 것들이었다. 몸에 걸치면 답답하고 거추장스럽게 느껴졌고 부러 제값을 주고 산 적이 없으며 그나마 선물 받은 것들도 옷장 귀퉁이에서 방부제 냄새와 한 몸이 되어 갔다. 어쩌다 그것들을 발견하면 선물한 사람을 잠깐 떠올리다가 선물한 사람과의 끝이 해피하지 못한 경우엔 이전보다 더 은밀한 장소에 처박아버리곤 했다.

겨울에도 세 목을 내어놓고 다니는 나에게 어른들은 어른들답게 지적과 충고를 일삼았다. 몸에 찬기가 들어가면 없던 병도 생긴다고, 지금은 젊어서 모르겠지만 나이 들면 고생한다고, 여자는 몸이 따뜻해야 한다고, 혀를 끌끌 차면서 안타까워했다. 나는 오들오들 떨면서도 지겨운 잔소리로 치부하며 건성으로 듣고 지나쳤다. 그때 어른들이 말했던 '나이 들면 고생'하는 나이가 몇 살인지는 모르겠지만, 생각보다 빨리 찾아온 것 같았다.

언제부턴가 몸이 급속히 차가워졌다. 추운 날 외부에 잠깐만 노출되어도 손가락과 발가락에 경미한 동상이 왔다. 생리통은 다달이 심해져서 사회생활에 지장을 끼칠 정도였고 기관지도 나빠져서 이비인후과에 자주 다녔다. 여전히 답답한 건 견딜 수 없었지만 답답함이 몸의 통증보다 고통스럽지는 않았기에 슬그머니 옷장 속을 헤집었다. 양말이나 스타킹에 가장 먼저 습관을 들이다가 결국 긴 세월 처박혀 있던 장갑에 손가락을 집어넣었다.

맨손이 불편하게 된 것은 본격적으로 글을 쓰기 시작하면서다. 그즈음 시골집을 전전하며 살았고, 웃풍이 심하다 보니 난방을 하고 글을 써도 손이 시렸다. 하루 열 시간 이상 키보드를 두드려야 했던 손은 늘 책상 위에 노출되어 있었고, 바닥에서 시작되는 난방은 손가락 마디까지 온기를 보내지 못했다. 외출하지 않고 집에만 있어도 몇 번의 동상이 왔고 급기야 장갑을 낀 채 글을 쓰게 되었다.

손톱을 최대한 짧게 깎고 하얀 면장갑을 끼고 글을 썼다. 찬기는 좀 가셨지만, 오타가 많이 났다. 이미 장갑의 보호를 받아본 손가락은 장갑을 끼지 않으면 예전보다 빨리 식어 저릿저릿 위험을 알리곤 했다. 그렇다고 집의 천장까지 따듯해지도록 난방을 할 수 있는 형편이 아니었다. 어쩔 수 없이 오타를 감당하기로 했고 덕분에 타이핑은 계속 둔해졌고 최종적으로 시간의 낭비가 심해지고 있었다.

사람은 제 형편이나 능력치가 기대 이하일 때 비관

보다는 되레 관대해질 때도 있는데, 어쩔 수 없다는 걸 깨닫게 되면 그런 것 같다. 어떤 날에는 장갑을 벗어 던지며 울 때도 있었고 어떤 날에는 궁상떠는 게 한심한 나머지 보일러를 종일 틀었다가 후회하기도 했지만, 때론 오타가 가져온 번뜩이는 단어에 감사한 날도 있었다. 요컨대, 장갑을 껴야 하는 형편이나 몸의 상태보다는 오타로 생긴 문장이나 아이디어에 더 큰 의미를 둔 것이다. 어디에서 온 긍정인지 모르겠지만, 다행이었다.

세 목을 내어놓고 다닐 적에는 내 차가운 손을 맞잡은 누군가의 손에 미안한 마음이 없었던 것 같다. 정작 온몸을 가리고 다니는 지금은 누군가와 손끝이라도 닿으면 미안하다는 말이 툭 튀어나온다. 내가 차갑다는 생각을 무의식 속에 넣고 다니는 모양이다. 가뜩이나 추운 겨울에 얼음장 같은 손가락이 닿으면 미안해질 수밖에 없잖은가. 차가운 내 손을 잡아주거나 녹여줄 책임 따위는 나 외에 그 누구에게도 없는 데다가 타인의 체온을 거부해 온 시간이 너무 길기도 해서, 겨울에는 악수조차 하지 않는다.

한강 작가의 단편소설 「작별」에서는 눈사람이 된 여주인공과 그녀의 남자 친구가 등장한다. 눈사람이 된 여자의 손이 너무 차가운 나머지 남자는 잡았던 손을 놓고 장갑을 건넨다. 여자가 장갑을 끼고 나서야 남자는 다시 손을 잡는다. 여자는 눈사람이기 때문에 장갑을 끼면 보온이 되므로 위험하다. 하지만 남자는 장갑을 건네고 여자는 그걸 낀다. 단지 사랑하는 사람과 손을 잡기 위해서, 눈사람으로서는 생명의 위험을 무릅쓴 것이다. 그 장면에서 느닷없이 울컥했던 기억이 난다. 체온을 나눌 수 없는 사랑이란 얼마나 잔인한 것인지.

살아오면서

사랑할 수밖에 없는 이유보다는

사랑하지 못하는 이유들이 더 많았다

_ 신동욱 「참회」* 전문

손을 보온하면 마음도 사부자기 따듯해질 줄 알았는데 아니었다. 마음은 마음대로 다른 보온을 해야 하는 거였다. 그 방법을 몰라서 늘 나의 온기에 목마르고 언제쯤이면 내 온기로 타인을 데워줄 수 있을까 싶어 한숨을 쉬곤 한다. 무엇보다 걱정인 것은 나의 차가움을 들키고 싶지 않아서 누군가 내미는 따뜻한 손을 밀어내는 반사 작용이다. 때론 섭섭하게, 때론 무례하게 보일 수 있는 거부 반응이 하필 순발력과 함께 벌어지면, "죄송해요. 제가 손이 차서요."라고 변명을 둘러대지만, 상대방이 내민 손은 이미 민망함을 뒤집어쓰고 있다. 손이 문제일까, 마음이 문제일까?

---

* 신동욱 시인의 「참회」는 시집 『기린의 시간』(모노폴리. 2019)에 수록된 시입니다. 짧지만, 전문입니다. 이렇게 짧은 시는 힘이 셉니다.

겨울에는 자꾸 장갑을 선물하게 된다. 당신의 손이 따뜻했으면 좋겠다는 어설프고 미지근한 마음을 담는다. 예전의 나처럼 내가 선물한 장갑을 옷장 후미진 곳에 처박아 둘지도 모르지만, 그렇다면 지금의 나처럼 처박아 둔 장갑이 필요한 날이 올지도 모르니까. 그날에는 잠깐이나마 그 장갑을 선물한 나를 떠올려 줄 테니 나쁘지 않다. 지금 이 순간에도 나의 손은 하염없이 차갑지만, 먼 훗날 누군가의 기억 속에 내가 떠오르는 날이 있거든 따뜻함이거나 뜨거움이기를 바란다. 언젠가 한 번쯤은 그렇게 기억되는 사람이고 싶다.

나약한 인간의 고백

## 24. 마실 수 없는 커피

산복도로 왼쪽에 마트가 있고 마트 안에 작은 커피 매장이 있다. 목적지에 도착하기 전에 나는 항상 그곳에서 아메리카노 한 잔을 테이크아웃한다. 차 안에 커피 향이 퍼지면 그리움이 밀려들기 시작한다. 커피가 쏟아지지 않도록 조심해서 오르막길을 오르고 황량한 주차장에 도착하면 커피를 들고 삼 층으로 올라간다. 염불 소리와 향냄새가 내 몸을 덮친다. 커피 속에 참회하는 마음을 담아 언니 앞에 놓는다. 언니야, 나 왔어.

언니는 커피를 참 좋아했다. 아침에 일어나면 커피부터 마시는 언니가 이상하게 보일 때도 있었다. 괜히 아메리칸처럼 폼나게 살고 싶어 하는 것 같기도 했다.

커피 마시는 게 뭐가 이상해서, 그저 흔한 모닝커피가 뭐 그렇게 유별나다고 언니의 취향을 이해하지 못했을까. 고급스러운 카페에 앉아 비싼 커피를 사 먹는 언니가 사치스럽다고 생각한 적도 있었다. 내가 커피를 좋아하지 않아서 그런 생각을 한 것이겠지. 언니는 그렇게 이기적이고 못된 동생이 좋아하는 음식을 아무 말 없이 자주 사 주곤 했지만, 나는 언니가 죽고 나서야 커피를 사 준다. 언니는 마실 수도 없는 커피를, 죄책감과 미안함에 절어서.

오월은 대놓고 가정의 달이라는 수식이 붙는다. 언니는 오월에 떠났고 언니의 기일은 오월마다 찾아올 것이다. 결코 변함없을 내 생애 가장 슬픈 날이 역시 변함없을 가정의 달 안에서 매년 나를 기다릴 거란 뜻이다. 뿔뿔이 흩어져 사는 가족들이 언니를 추모하기 위해 모이는 유일한 날일 테니, 가정의 달이 맞긴 한 건가. 언니가 두고 간 조카들의 어린이날은 분말수프 없는 라면 같고, 언니가 두고 간 부모의 어버이날은 향기

없는 카네이션 같다. 언니가 두고 간 동생들의 오월은 조카들의 라면에 수프를 뿌려주고 부모에게 꽃향기를 맡게 해 주느라 애태우는 달이 되었다. 남겨진 가족들은 각자 언니를 만나러 갈 때마다 커피를 산다. 언니는 마실 수도 없는 커피를, 죄책감과 미안함에 절어서.

할머니가 불에 타는 동안 우리는 홀짝거리며 믹스커피를 마셨다 가루가 된 할머니를 냇가 미루나무 옆에 묻어주고 내려와 잘한다는 집에서 설렁탕을 삼키며 할머니와의 추억을 떠올렸다

추억이 가루가 되어 흩어지는 내용의 작가 미상의 문장을 읽다가 식당에서 나와 믹스커피를 마셨다.

_ 주영국 「잔인한 문장」* 전문

내게도 마실 수 없는 커피가 있었다.

일이 있어서 서울행 기차를 타야 했다. 내가 없는 동안 아픈 장군이를 돌봐주기 위해 엄마가 우리 집에 와 있었다. 외출 준비를 마치고 현관문을 나서는 내게 엄마가 만 원짜리 지폐 세 장을 주었다. 비싼 커피를 사 먹으라고 했다. 촌년 서울 가서 기죽지 말라는 마음인가 싶었다. 나는 오천 원짜리 커피를 사서 기차에 올랐다. 엄마가 준 용돈은 쓰지 않았다. 늙은 엄마가 주는 돈은 이상하게 쓸 수가 없는 게, 살면서 언제 또 받을 수 있을지 모르기 때문이다. 기차가 출발하자 엄마한테 전화를 걸었다. "엄마, 잘 다녀올게. 엄마가 준 돈으로 비싼 커피 샀어." 엄마가 웃으며 말했다. "그래. 잘했어. 그 정도는 써도 돼. 우리 딸 잘 다녀와."

유난히 커피를 좋아했던, 비 오는 날 우산도 없이 먼 길 떠난 언니가 떠올라서 그날의 커피는 잘 넘어가지

---

\* 주영국 시인의 「잔인한 문장」은 시집 『새점을 치는 저녁』(푸른사상. 2019)에 수록된 시입니다. 한동안 커피를 마시기 싫었습니다.

않았다. 커피에서는 향불내가 났고 맛은 썼다. 하필이면 콕 집어서 비싼 커피 사 먹으라고 엄마가 준 용돈이 다시는 큰딸한테 못 해볼 거 한풀이하는 것 같기도 하고, 나도 언니가 그렇게 좋아했던 커피 한 잔 사 준 적 없는 것 같아서 흔들리는 기차처럼 속이 울렁거렸다. 몇 모금 마시지 못한 채 서울역에 도착했고 역에 내려서 남은 커피를 몽땅 버렸으니, 내 생애 가장 비싼 커피가 되었다. 제아무리 비싼 커피도, 시럽 듬뿍 넣은 커피도, 때론 고약하게 쓰거나 눈물 맛이기도 하더라.

어쩌면 아침마다 식사 대신 진한 커피를 마시며 출근하는 사람들은 하루의 무게를 들이켜는 것일지도 모르겠다. 오늘도 이겨내려고, 오늘까지는 버텨보려고, 최대한 제정신으로 일터에 나가기 위해 쓰디쓴 각성제가 필요한 건지도 모르겠다. 그렇다면 커피 한 잔의 무게는 살아내야 하는 하루 치의 무게인 걸까. 언니가 떠난 뒤에야 이따위 깊은 생각을 하게 되었다. 그때 알았다면, 언니가 살아 있을 때 느꼈더라면 언니에게 모닝커피를 한 번쯤 건넸을지도 모르는데 늘 그렇듯 깨달음은 늦고 기다려주는 사람은 없다.

나는 요즘 자주 커피를 마신다. 누가 건네지 않으면 내 손으로 커피를 사거나 만들어 먹는 일이 드물었고 여전히 커피 맛도 잘 모르지만 자꾸 찾게 된다. 입으로 글을 쓰는 것도 아닌데 글을 쓰면 이상하게 자주 목이 마르고 어느새 책상 위에는 머그잔부터 종이컵까지 여러 개의 컵이 줄지어 있다. 분명 나는 커피 애호가는 아니지만, 커피를 마실 때마다 떠오르는 향불내는 일종의 자극제가 되어준다. 이를테면 이런 말들이 머릿속에서 뱅뱅 도는 것이다.

오늘도 글을 쓰자. 뭐든, 쓰자.

어떻게든, 살자. 살아내자.

오래 바라본 탓일까

김 오르는 잔이 흔들렸고

너무 멀었다, 손을 뻗기에는


'미운 건 오히려 나였어'

맴돌던 노랫말과 점점 창백해지던 불빛


이제 먼 풍경이 된 그날


그리움은 피의 온도로 기억을 데우는지

아직 식지 않았다, 그날의 커피는


_ 박인숙 「그날의 커피」* 부분

---

* 박인숙 시인의 「그날의 커피」는 시집 『침엽의 생존 방식』(천년의시작 2020)에 수록된 시입니다. 누구나 '그날의 커피'가 있을 거예요. 저처럼요. 평생 식지 않을 커피 말이에요.

나약한 인간의 고백

## 25. 이별할 때는 이별답게 이별하느니*

어떤 시인은 이별한 연인 나타샤를 그리워하며 시를 썼고, 어떤 래퍼는 떠나는 연인을 붙잡을 핑계가 없었던 과거를 한탄하며 랩을 했다. 어떤 작가는 아내가 죽은 후 피폐해진 자신의 삶을 수년간 소설로 가공하면서, 그 소설이 완성될 즈음엔 아내와의 이별을 받아들일 수 있었다고 고백했다. 언젠가, 겨우 떠나온 어느 시절을 잊고 싶었던 여자가 과거의 사진과 편지를 불태우다가 불이 난 사건이 뉴스에 나왔다. 제대로 된 이별을 하지 못한 반쪽 연인이 헤어진 과거 연인을 상대로 범죄를 저지르는 일이 자주 발생하기도 했다.

* '바오긴 락그와수렌'의 시 「이별」의 첫 줄 차용

이별이 어떻게 아름다울 수 있을까. 이별을 아름답게 포장하는 사람이 있다면, 나로서는 대단히 오만한 사람이라고 여길 수밖에 없다. 이별이 슬프다는 것을 인정해야 비로소 인간답게 느껴지고 아름다운 이별을 했다고 말하는 것보다 이별을 극복했다고 표현하는 쪽이 훨씬 멋있어 보이는 나는 어쩌면 하염없이 나약한 사람일 것이다. 사랑했던 사람과의 이별, 동고동락한 반려동물과의 이별, 부끄럽기만 했던 어느 시절과의 이별, 한 생과의 이별, 무수한 우리들의 이별. 인생은 이별에 길드는 과정이 아닐까 싶을 만큼 우리는 쉬지 않고 이별을 해왔고 이별할 것이다. 그러니 별일 아닐 거야. 이별 따위.

늦은 밤 끈적거리는 버스 안에서 한 여자가 찰
나에 칼바람 소리가 터지도록, 읽던 종이를 찢었다
왜 저 가냘픈 가슴을 찢도록 화가 났을까 찢고 구
긴 종이를 다시 펼쳐보는 눈에 설움이 그렁거렸다

버스가 정류장에 멈추어 설 때까지 바라보는 가슴이 떨렸다 그 여자를 남겨두고 내렸다 밥풀처럼 온몸에 달라붙은 쇳가루 무거움을 털며 집에 왔는데, 기어이 흘러내린 설움을 닦던 그 여자가 곁에 누웠다 한 사람을 사랑한다는 것은 기어이 가슴을 찢어야 하는 일이다 다만 죽을 만큼 사랑할 때는 몰랐을 뿐이다 나는 그 여자를 품고, 한때 이별편지를 가슴으로 들려주었다 눈물겨운 사랑이 지나가고, 버스 한 대가 지나가고, 한 여자가 편지를 찢고 있다 별마저 서러운 밤이다

_ 김종필 「이별을 기록하다」* 전문

팽팽했던 인연의 줄이 끊어지면 사람은 비슬비슬 위태로워진다. 못나게 굴었던 순간들을 떠올리며 술잔

---

* 김종필 시인의 「이별을 기록하다」는 시집 『무서운 여자』(학이사. 2020)에 수록된 시입니다. 이 시를 쓰고 다듬으면서 시인은 얼마나 많이 울었을까, 생각했습니다. 이별을 기록하진 않을래요. 기억하지도 않을래요.

을 채우고 오징어 걸음으로 겨우 하루 치를 걷거나, 짜고 비틀어도 눈물이 나오지 않을 때까지 울기도 한다. 쏟아지는 기억들을 헤집어 좋은 추억만 선별하여 간직하는 단계에 이르면, 그래, 그래도 아름다웠어, 라고 회상하며 새 인연을 받아들인다. 그러나 이미 트라우마가 생겼다. 모든 이별은 트라우마가 되고 그것은 사람을 겁쟁이로 만든다. 나이가 들수록 겁쟁이들끼리 만나게 된다. 매 순간 조심하고, 언제나 눈치 보고, 다시 상처받지 않기 위해 아무것도 불태우지 못하는 겁쟁이들.

사랑과 이별 사이의 전쟁에서 우리는 일종의 전리품을 얻는다. 그것은 다음 전쟁에서 전략, 전술이 되거나 때론 나를 지키는 무기가 되기도 한다. 수많은 이별을 극복한 우리는 이미 쓰리스타쯤 되었겠지만, 별을 아무리 많이 단 노장이라고 한들 전쟁이 두렵지 않을까. 그러나 두렵다고 물러설 수도 없다. 어떤 전쟁이 될지 예측할 수 없으므로. 기억해야 할 것은 전쟁의 역사상 완벽한 승리는 없었다는 사실이다. 아군의 피가 한 방울도 희생되지 않은 전쟁은 없었기 때문이다. 결국, 우리는 어떤 인연을 시작하더라도 아름답기만 할 것이라는 기대를 거두어야 하고, 어떤 이별 안에서도 슬픔 따위 흘리고 싶지 않다는 욕심은 버려야 한다. 그래야 이별을 이별답게 받아들일 수 있다.

자그마치 50년 전, 에리히 프롬이 쓴 『사랑의 기술』이라는 책이 전 세계 베스트셀러가 되었다. 1970년대에 국내에 번역 출간된 것을 읽었던 기억이 난다. 제목 그대로 사랑에도 기술이 필요하다는 내용인데, 그는 사랑이 반드시 실패로 끝난다고 주장한다. 독자들은 실패하기 싫어서 그의 책을 읽었을 것이다. 아이러니한 점은, 반드시 실패할 거라고 단정하면서 기술을 왜 가르쳐 준 걸까? 그건 아마도 사랑은 과정이 전부라는 전제에서 시작되지 않았을까. 이별의 전조가 나타나기 직전까지, 완전히 헤어지기 전까지, 사랑하고 있을 때 행복하게 사랑하는 기술. 이별 후에 조금이라도 후회를 덜 하는 방법. 그렇다면 그는 〈이별의 기술〉에 관한 책은 왜 쓰지 않았을까.

과연 이별의 기술이란 있을 수 있는 것인지, 나는 부정적이다. 대상에 따라 사랑을 주는 방법이 다르듯이 이별도 상대에 따라 태도가 바뀌어야 하는데, 사랑할 때와 이별할 때 사람 감정은 극과 극이므로 이별할 때는 위험을 감수해야 한다. 중요한 것은 이별은 혼자 하는 것이 아녀서 내게 아무리 괜찮은 방법이 있다고 해도 먹히지 않을 수 있다는 것. 반드시 더 아픈 사람은 생긴다는 것. 그것이 나일 수도 있다는 것.

단호하고 냉정하게 끊어야 하는 사람도 있을 것이고, 힌트를 주며 서서히 멀어져야 하는 사람도 있을 것이다. 막말에 상욕을 곁들여 그야말로 더럽게 떼어낼 수밖에 없는 관계도 있을 것이고, 악수나 포옹을 마지막으로 품위 있게 헤어질 수 있는 관계도 분명 있을 것이다. 그런데, 방법을 결정하는 데에서 종종 실수를 한다. 애정이 식었기 때문에 상대방을 배려하지 않는 것. 그 실수 하나가 돌이킬 수 없는 상황을 몰고 올 수도 있다. 나는 이별할 때 딱 하나만 명심하는 사람이다. 나에게 원한을 품게 만들지는 말자는 것. 상대가 이별을 받아들일 때까지, 미련을 접을 때까지 기다려주는 편이다. 그것도 참 피곤한 일이기는 한데, 무엇보다 안전한 이별이 될 수 있다.

  우린 왜 뭐든지 잘하고 싶어 할까? 이별, 서툴면 어때. 숱하게 사랑했고 많은 이별을 해왔더라도 그 사람과의 이별은 처음인데. 해도 해도 사랑은 어렵고 해도 해도 이별은 아프지만, 어차피 또 할 거니까 너무 열심히 이별하지 말자. 이별과 이별할 수 있다면, 죽을 때까지 아무하고도 헤어지지 않는다면, 인생은 정말 지옥일 것이다. 가볍게 이별할 수 있는 관계는 가벼울 때 보내는 게 상책. 아직 우리에겐 이별할 기회가 많으니까 아쉬워하지 말고 가볍게 안녕. 이별이 어느 한 시절의 주홍글씨가 아니라 맑은 날의 추억이 될 때까지, 계속 안녕.

## 나약한 인간의 고백

꽃 피려 해. 그렇군. 꽃 필 때 왜 나를 떠났니? 꽃을 보면 계속 눈물이 흘러내려서. 미안해. 꽃 지는 밤에 볼 걸 그랬나? 괜찮아. 꽃을 보면 슬퍼지니? 응. 꽃에서 울음소리가 들려. 울고 있니? 꽃이 울고 있어. 왜 말도 없이 떠났니? 커피 좀 사 올게. 그녀는 건너편 편의점에 들어간다. 돌아오지 않는다. 빗방울이 떨어지기 시작한다. 지난가을부터 붙어 있던 낙엽도 떨어진다. 돌아오지 않는 그녀가 돌아온다. 울고 있니? 꽃 피려 해. 그래. 꽃 보고 있으니 정말 눈물이 나네. 미안해. 우리 그만 헤어지자. 버스정류장에서 종이 버스가 지나간다. 종이 버스 속으로 그녀가 들어간다. 화사한 빛깔의 봄꽃이 그려진

_ 권기덕 「-3월」* 전문

---

\* 권기덕 시인의 「-3월」은 시집 『스프링 스프링』 (파란. 2019)에 수록된 시입니다. 꽃이 이별과 만나니 이토록 슬픈 봄이 됩니다.

공감에세이 12
**시詩끄러운 고백**
ⓒ 이은정, 2022

지은이_ 이은정

**발행인**_ 이도훈
**편　집**_ 유수진
**교　정**_ 김미애
**디자인**_ 한가윤
**펴낸곳**_ 도서출판 도훈
**초판발행**_ 2022년 6월 10일

사무실_ 서울시 서초구 법원로3길 19, 2층 W109호
　　　　(서초동, 양지원빌딩)
전　화_ 02) 595-4621, 010-6722-4621
팩　스_ 050-4227-4621
이메일_ flyhun9@naver.com
홈페이지_ www.dohun.kr

ISBN_ 979-11-92346-05-2  03810
정　가_ 13,500원